有元葉子

私の住まい考

家と暮らしのこと

まえがき

「住む」ことについて

どんな家に住みたいですか、とよく言うけれど、
私にとっては「どんな家」ということよりも「住む」ことのほうが先に来ます。

「住む」は、とても大切なこと。

「住む」は、暮らすことであり、もちろん生きることです。

「住む」ところとは、心配なく、いられる場所です。

落ち着いた気持ちで、安心して、いられる場所——。

その場所にあって、住むための箱のようなものが「家」なのです。


自然の中で生きる動物が巣穴で暮らしている。

ときどき狩りに出るけれど、安全と安心の場所である自分たちの寝床へ帰っていく。

人にも当然そうした場所が必要です。

災害や、やむにやまれぬ事情で居場所を失いそうになったり、失ったりしないとは限りません。

足元をすくいとられるような、そうした経験をすると、

「住む」がどんなに大切なことか、身に染みる。

住むための箱「家」は心のよりどころでもあるのです。

居場所が自分の所有物か借り物かは自分のライフスタイルに合わせて選択すればよいのです。
仕事の場である東京では家に帰るだけの住居は賃貸にしていた私が
最初に遠い遠いイタリアに家を買ったのも、「ここに住みたい」と思ったからです。
東京が自宅、信州の家やイタリアの家は別荘……という意識は私にはないようです。

これまで国内外を合わせて17ヶ所ほどの場所で暮らしました。

小学生の頃から設計図を書くのが好きで、建築やインテリアも大好き。

「住む」ことに加え、自分で気持ちのよい住環境を作ることにも熱心なほうです。

幸い娘夫婦が建築家ということもあり、家づくりの楽しみも増しました。

住まいは大きすぎても小さすぎてもダメで、私にとっては
自分で管理できる〝身の丈に合った〟ものであることが基本です。

自分に合うサイズの空間をいかに快適にしていくか、考えたり工夫するのはとても面白いこと。

この本では、現在住んでいる3つの場所から、
暮らすこと、建築やインテリア、収納、そして自然や隣人といったまわりの環境まで、
「住む」にまつわる様々な事柄について考えました。

有元葉子　私の住まい考　家と暮らしのこと

目次

第1章
私の家には共通点があるようです　13

第2章
働く場としての東京の家 その1　31

第3章
働く場としての東京の家 その2 スタジオ　59

第4章
自然の中で過ごす家　87

第5章
暮らすことを楽しむイタリアの家　125

第1章
私の家には共通点があるようです

私にとって大切なのは、窓から見える景色です。家の中は変えられても、景色は自分で変えることができない

この本のテーマが決まってから、しばらくの期間をイタリアの家で過ごしました。年に数回イタリアへ渡り、ウンブリアの家を拠点とした田舎暮らしをすることが、20年来の私のライフスタイルになっています。

東京では立ち止まることなく働く日々ですが、ローマ時代にできた石造りの町では、時間の流れがまるで違います。2000年以上もの昔から、ゆったりと流れる大河のような時間軸の中で、「私にとって家とは……」と考えました。

そこであらためて感じたのは、家の内部ばかりではなく、窓から見える景色や、家の周囲を取り巻く環境が、とても大切だということ。

通りすがりにふとバスルームの小さな窓から見える風景。ほんのりピンク色を帯びた石造りの町の向こうに、オリーブの山が広がっています。そして料理の最中にキッチンの窓から見える景色。ジャスミンの枝が覆う石の階段や、同じ建物に住む人たち共有の中庭にずっと置いてある赤いベンチ。きれい好きなお隣のおばあさんが、そこをしょっちゅう掃き掃除してくれている。

それから空。どこにいても視界の3分の2は空。リビングから見える空は毎日、スペクタクルです。青みがかった空がだんだん橙色《だいだい》に染まっていくのを、片時も飽きることなく、ずーっと見続けてしまう。夕陽って、太陽が落ちてからの一瞬が一番鮮やかで、部屋の中がまっ赤に染まるんです。そんな風景の中にいると、心身が本当にリラックスできる。

そういう「今」の時間を味わっているときが、もしかしたら生きていて、一番幸せなときかもしれないと思う。

「今」が大切、とよく言うけれど、「今」が過去の後悔と将来の不安で成り立っているのが、この世の現状。そんな

中で空に魅せられ、心奪われる「今」は貴重です。

家の内装やインテリアも大切ですが、私にとってはそれ以上に、窓から見える景色が重要なのです。

これはイタリアの家だけではなく、野尻湖の家も壁一面がガラス張りで、空と山の景色を存分に楽しんでいます。

仕事の場である東京では広い空は望めませんが、樹木のある住空間を選びました。

家の中は自由にできるけれど、窓からの景色だけは自分で変えられません。だから、一番優先させたい要素なのです。

家の向きは、東南がいいとは限りません

家の向きというのもあります。一般的には東南に窓などの開口部があるのがいいと言われますが、私は西向きが好みです。

普通は西向きは避けたい方向かもしれません。けれど西に陽が落ちていく、その時間が一日のうちで一番好きな時間です。でもこれはあくまでも個人的な好み。朝から日中の陽当たりが大切な方には、東南がベストです。

実は私も、西側に開口部があるイタリアの家にたまたま暮らしてみて、その楽しさを初めて知ったのです。家によって、自分のライフスタイルや嗜好がそちらへシフトしていった感じです。以来、「家は西向き」が好みです。人間が家を作る一方で、家によって人間が作られるというか、家が私たちに教えてくれることもあるのですね。

とは言いつつ、仕事の場である東京では、東南向きの部屋で暮らしています。朝日の中でゆっくり紅茶を飲むと、やっと目が覚めて、「今日も楽しく働けますように」という気持ちになります。

 イタリアの家の窓から見えるのは石造りの家、オリーブ畑、空だけ。でも陽光によって無限に変化します。

やっぱりキッチンが主役

家の中で要となるのは、私の場合はキッチンです。そこにいる時間が一番長いので、キッチンを家の中で一番快適な場所にしたい。これは優先順位の問題ですから、たとえば居間優先、寝室優先、バスルームが一番大切という人もいます。全部に手間も建築費もかけられれば言うことはないのですが……。

私にとってはごはんを作ること、食べることがとにかく大事なので、一から家を作る（あるいはリノベーションする）ときは、まず、キッチンをどうするかを考えます。キッチンは家の工場・要となるところで、使い勝手をよく考える必要があります。

一時住まいのマンションや海外でのアパート暮らしなども含めて、これまでに約17ヶ所のキッチンを体験しました。かつて著名な建築家に依頼した家のキッチン、環境も広さも充分だったキッチン、インテリア雑誌に見るような設備が充分に整った海外のアパートメントのキッチンも数年間体験しました。その一方で、賃貸アパートのごく平均的な作りのキッチンや、1坪にも満たない狭小キッチンも使ったことがあります。

さまざまな経験からわかったのは、キッチンは広ければいいわけではなく、収納も多ければいいわけではない、ということ。キッチンで大事なのは、調理をするスペースである「作業台」と動線です。キッチンを語るとき、作業台の重要性を第一に掲げる人はあまりいないようですが、私にはとても大切です。

台所には「台」がなくては

水（シンク）、火（ガス、オーブン、ＩＨ）、それと台（作業台）。この3つがキッチンの構成要素です。台所にはまず、「台」が必要です。ものがあふれた台ではなく、何も載っていない台です。まな板を置いて、ものを切るための台。ボウルを置いて、サラダをドレッシングであえる台。できた料理を銘々の皿に盛りつける台。調理途中の鍋をちょっと置くための台……。狭小台所の経験から、「台」の重要性を痛感しました。「台」は広いに越したことがありませんが、余計なものが載っていないことが大切。

東京の家では、オークの木で作った可動式の作業台を、キッチンの中心に置いています。ＩＨなどを組み込んだこの作業台は、90×200センチで、カウンターテーブルとしても使えます。

野尻湖の家は〝弧を描いた細長い形〟をしていて、キッチン部分が全体の3分の2ぐらいのスペースを占めています。そこに、シンクやガス台も搭載した、長さ5・3メートルのキッチンカウンターを作り付けました。これが、この家の中心になる作業台です。傍らを調理用の暖炉にするために、建築家が分厚いコンクリートの天板を考案しました。

東京のスタジオは料理教室を開いたり、雑誌や書籍などのために料理をたくさん作る場所ですので、「台」がたくさんあります。コンクリートよりも柔らかいモルタルの天板を持つ可動式カウンターキッチン（作業台）が、スタジオの中を移動してフル活躍しています。

作業台の天板の材質が変わると、それぞれの感触であるとか、料理をポンと置いたときの見え方であるとか、調理台が違うと、お料理をする気分もだいぶ違います。

イタリアの家は14世紀に建てられた、元は修道院だった建物。地元の建築家ランフランコ氏が考えてくれたキッチンで、大理石の作業スペースを使い、足りない分はキッチンの木の食卓を作業台がわりに使っています。

そう言えば、狭いキッチンで作業台を置くスペースがなかったときには、何も置かないエレクター棚を作業台がわりに使っていました。ダイニングのテーブルを作業台として使っていたこともあります。専用の作業台が置けなくても、そのときどきで代用を見つけて、作業台を確保すればよいのです。

海外のアパートメントのキッチンでは、カウンターの高さに悩まされました。身の丈に合わない高さの「台」で作業をすると疲れます。高すぎれば肩が痛くなり、低すぎれば腰が痛くなる。「台」は広さばかりでなく、高さも大切なチェックポイントです。

戸棚の中に使わない空間を作る。レイアウトを動かせるようにする。家はぬか床と同じです、空気を入れないと

ものは使ってこそ生きると思っています。家も同じです。

人が住んでいないと、家はすぐに死んだようになってしまう。どこかが傷んでいるわけでなくても、3ヶ月くらい空けていると、最初に家の中に入ったときに空気が死んでいる感じがします。それが、自分が1日住んでいると、家がいきいきとしてくる。掃除したり、料理したりしていると、空気が動いて蘇ってくる感じがする。まるで生き物のような感じ。家も生きているのですね。

毎日手入れをする、ぬか床と同じです。かき混ぜて空気を入れないと、生きてこない、おいしくなってくれないの

ですから。

この発想は、いろいろなところに当てはめられます。私はどの家でも、戸棚の中や冷蔵庫に必ず空いたスペースを作っています。ものは置きっぱなしではなく、「動く」もの。ひとつを使うために、違うものが動いたり、新しいものが入ってきたりする。パズルゲームにもあるでしょう？　あれと同じです。空きスペースがあるから、ものを動かすことができる。ものがスムーズに取り出せれば、よく使うようになって、ものが生きるのです。

逆に、ものをめいっぱい詰め込んで身動きできない状態では、ものは動かない、使わない。使われないものはゴミになってしまう。ですから戸棚の中も冷蔵庫の中も、少しでもよいから空きスペースを作って空気が通るようにしておくことがとても大事です。

部屋の中も、レイアウトを変えやすいように工夫しています。キッチンカウンターにキャスターをつけて可動式にしたり。大きな空間は引き戸をつけて、扉を閉めれば、小さな部屋をもうひとつ作れるようにしていたり。

ひとつの家の中でも、レイアウトを変えたり、グリーンの置き場所を変えたりして、変化をつけることでリフレッシュされると思います。変化というか、ものを動かすことで風が通り、家やそこにあるものたちが新鮮な空気を吸える。そんな気がするのです。ものを動かすと、掃除も行き届きます。家を生かすには循環が必要です。

23　東京の家のキッチン。“目の高さよりも上の場所の棚＋かご”はわが家の定番のスタイル。

必要最小限のもので暮らすのが基本です。使えば使うほどよくなるもの、と暮らしたい

仕事をする東京の家には、それなりの数の器や台所道具が揃っていますが、野尻湖やイタリアの家には、必要最小限しか置いていません。イタリアの家では、ボウルやバットが3セットと、クリステル鍋が1セットとフライパン2つ……って、そんな感じ。

前に書いた通り、戸棚の中に空きスペースを作ることです。私の場合、「ものが増えすぎたわ。整理しないと」と、戸棚を開けて〝いる・いらない〟のジャッジは日常茶飯事。うちのスタッフにはあたりまえの風景のようです。これをしないと、どこか具合でも悪いのかと心配されてしまいそうです。

わが家で唯一たくさんあるのはかごですが、これも単にコレクションしているわけでなく、どれも使用中です。キッチンの棚の上にのせたかごの中には、鍋つかみ、ゴミ受けのネット、レジ袋などの雑多なものが入っています（ひとつのかごに1種類ずつです）。こんなふうに目線より上にあるかごは、中身が見えないのが利点。好きなかごを目で楽しみながら実用できるので、気に入っている収納法です。

かごのような自然なものが私は好きです。自然の木や石、タイル、煉瓦、漆喰、上質なステンレスや鉄……使いこむほどに風合いのよくなる素材はたくさんあります。多少欠けたり、塗りがはげたりしても、それが良い感じに見えるものがいいと思う。布類にしても、質の良いリネンのクロスは、大きな穴が開いてしまっても愛おしく感じられるものです。

ずっと使いたいものと暮らす――。この視点でものを選ぶと、必要以上にものを持つことに、ブレーキをかけら

れるかもしれません。

照明は部分照明で。部屋に陰影が生まれます

夜に飛行機に乗っていて、上から見ると、日本の街は青く光っているんですね。青白い蛍光灯や白いＬＥＤの光で、まぶしいように発光している。一方、機上から見るイタリアは、オレンジというか黄色っぽい光が、街どうしが離れているので、ふわっと暖かい光の色のかたまりになって点在している。ロンドンも夜に上空から見ると、温かい光の列がとてもすてきです。

夜は温かい小さな光で過ごすと、心身ともにリラックスします。逆に天井付けの煌々《こうこう》とした照明は人をイライラさせ、疲れさせます。スーパーマーケットやコンビニでは、この照明が必要でしょう。ですが、住む家は違います。

わが家ではペンダント式の照明で、デザインの気に入ったものを選び、テーブルの上やカウンターの上だけを照らしています。キッチンは間接照明やクリップライトを使って、手元が明るくなるようにしています。ソファやベッドの脇にはスタンド式の照明を置いて、読書をするときだけ点けます。

天井は暗くして、部分照明にすると部屋に陰影が生まれ、ほっと落ち着けます。

それに、部分照明ならば違うものに取り替えるだけで、部屋の印象をまるで変えることができる。照明が、インテリアの雰囲気作りを担ってくれます。

27　等高線に沿ってゆるやかにカーブした野尻湖の家。コンクリートの作業台もカーブしています。

カーテンはその家を物語る。だから慎重に選びたい

インテリアの中でもカーテン選びは難しいです。大きな面積を占めるし、外から見えたりもするので、「カーテンがその家を物語る」と言っても過言ではないくらい。

私は基本的に家にカーテンはつけていません。気に入る生地が見つからなかったからで、今はロールスクリーンやブラインドで遮光をしています。

カーテンの生地探しはいつも難航します。たくさんのサンプル帖を見ても、なかなか気に入る生地がない。ないものはしかたがないですから、つけないという選択です。

ところが、探していたものがイタリアにありました。「こういうものが欲しいな」と長年思い描いていた生地と、家の近くのインテリアショップで出会いました。

生地はタフタです。タフタは絹織物の一種。シャリシャリとしたような手触りで、しっかりしていて軽い。色見本を取り寄せてもらったら、その見本帖自体があまりにもすてきで、見本帖を「欲しい」っていうぐらいのものでした。色も赤だけでもワーッといろいろな色があって、どれもうっとりするような色。東京の家の床と同じ色が欲しいと思っていたのですが、微妙なグレーとベージュの中間色のその色もありました。つけようかつけまいか、今は迷っているところ。

ちなみに欲しいカーテンとは……軽い感じで、ピカピカでもどっしりでもない。たっぷりとドレープがあり、長くて、床から巻き込んでいるようなもの。そのためには、しっかりとしているけれど、ふんわりと軽い生地が必要で、イタリアで見つけたタフタがぴったりなのです。

こんなふうに、あとになって理想のカーテンと出会うこともあるのですから、なにも最初からカーテンをつけなくてもいいという気がします。あるいは最後によく考えてつける。許される環境ならば、カーテンをつけないという選択も私は好きです。

家は手を入れながら、メンテナンスをしながら暮らすもの

掃除やメンテナンスも含めてが、「家に住む」ことなのだと思います。そこに手を抜かないことが、家をいきいきとさせるのです。

イタリアの家は高いところで天井が5メートルあるので、上のほうの蜘蛛の巣をどうやってはらったらいいのかしら……と最初は案じていました。ニーズに合わせてちゃんとあるもので、蜘蛛の巣を掃除する道具がありました。長い棒に、ふわふわとした大きなボールのようなものがついています。高い脚立に乗って、その棒で天井付近の掃除をするのですが……。床は石だし、落っこちたらどうなるんだろう、と思うとかなり怖い。でも、やらないわけにはいかないからやっています。

長野の家は壁一面がガラス張りで、外は谷側です。そこを拭くのは危険だからやらないように、と建築家たちに言われています（言われないと拭いてしまいそうな私の性格です）。

山で暮らしていると、ここ10年ほどの温暖化による自然の変化が目に見えてわかります。こうした地球にしているのは、始末の悪い人間なのだと、ぐさりと胸を突かれる思いです。近年は蛾の発生も異常で、そんなわけで年に1回、専門業者に、ガラス窓を含めた一軒丸ごとの掃除をお願いしています。本当に、どうやって掃除をするんだろうと思

うぐらい、3時間程度で家中がぴかぴかになり、プロの掃除は素晴らしいと感心します。

家のメンテナンスも、日本とイタリアではまるで違うんです。日本では業者に頼みますが、イタリアではなんでも自分で直します。プロでなくてはできないガス関係は業者にまかせますが、あとはほとんどＤＩＹです。よろい戸の塗装、ドアや台所の修繕など、なんでもお隣の人が世話を焼いてくれます。

いずれにしても、飾りたてることよりも、掃除やメンテナンスに時間、労力、経費を惜しまないことのほうが重要です。水まわりに不具合が生じたり、暮らしているうちに「もっとこうならいいのに」というところは必ず出てきます。そのつど、きちんと修繕したり、新たに手を入れて、新陳代謝させることで家が生きてきます。

人も家もいきいきとしているのが一番。いきいきと生きる＝循環していること。常にスムーズに流れるようにしておくことが、何よりも大事です。淀みのない、気持ちのよい空気がいつも流れるように、家を保っておきます。

第2章
働く場としての東京の家 その1

基本データ◎広さ　約93平米　間取り　ダイニングキッチン、パントリー、リビングルーム、寝室、トイレ、シャワールーム＋トイレ
築約30年以上のマンションをリノベーション。2014年入居

仕事場から遠くない場所に「住む」家を。音楽と緑がある環境が決め手でした

便利さや物事のスムーズさにおいて、東京は世界で一番優れているのではないかと思います。人が集まりやすく、ものが簡単に手に入り、何事も円滑に進む。私のような仕事には格好の都市と言えそうです。

働く場としての東京にスタジオがあり、かつてはスタジオと同じ建物に住んでいました。しかし職住が接近しすぎる状態から少し離れたくなり、「仕事場から近いこと」を条件に住む場所を探しました。

この家は、緑が多かったことと、下見に来たときにバイオリンやピアノの音が聞こえたのが決め手になりました。たまに家にいる昼下がり、どこからかピアノの音が聞こえてくると、「あら?」と思って、春風が吹いてきたように気持ちがいいものです。音楽が好きな方が、お近くに住んでいるのも嬉しくて。お茶の時間にしようかな、と思えるのもこんなとき……。

こんなふうに、家を決める動機はひょんなことから、ということが私の場合は多いのです。

さらに、今どきのマンションで見かけるゲストルームなどはなく、ケヤキやクスノキがずっと続くアプローチも気に入りました。部屋の前は緑地帯で、窓から緑がわーっと見えたときにはもう、「ここにしよう」と決めていたかもしれません。

オリーブ、焦げ茶、ホワイトベージュ。家のイメージカラーを3色決めました

室内の設計は八木建築研究所に依頼しました。家を作るときに、まず最初に決めたのは色です。イギリスの塗料メーカー「ファロー&ボール社」(以下、F&B社)のショールームに行き、室内の基調色となる3色のイメージカラーを選びました。

オリーブ色、焦げ茶。この2色だけでは暗くなるので、ホワイトベージュ。この3色を基調としました。

白と一口にいっても、実にさまざまな色があります。

窓一面が街路樹の緑。都心でも探せばあるものです。

F&B社には、イギリス特有のスモーキーな色のトーンがあって、好みの色が見つかるのです。

温かみのある雰囲気が欲しくて、キッチンはタイルとオークの木

家の中心になるキッチンを、まず考えます。かつて体験したクローズドキッチンは、料理に集中できる点ではとてもよかった。けれど、ここでは対面で料理を楽しめるようにオープンキッチンにしました。

住まい全体の面積が小さい場合は、オープンキッチンのほうが広く感じられます。また、作りながら食事を楽しむスタイルは、気のおけない友人たちと食事をするにはもってこいです。

キッチンカウンターはオリーブ色のタイルにしました。F&B社のショールームで「この色のトーンでいきましょう」と決めたうちの1色。シックなグリーンで「ヨーロッパのタイルですか」とよく聞かれるのですが、これは日本製です。できるだけ日本の資材を使いたい、ということも建築家にリクエストしたことのひとつでした。

このオリーブ色のタイルは、うちにいらした方の目をひくようです。これまで白一色のキッチンを使っていた私にしては、ちょっと意外な色で、とても印象に残るみたい。どこかホッとするような温かみのある雰囲気を求めていた気分が、タイルなどの色選びに現れたのでしょうね。

さて、台所には「台」が必要ですので、壁際のキッチンとは別に、もうひとつ可動式のカウンターを作りました。オークの無垢板で作った、横幅160センチ×奥行き90センチのアイランド（可動式の作業台）です。焦げ茶色をしたオークの落ち着いた感じが好きです。

こちらの天板には、IHクッキングヒーターとホットプレートを組み込みました。これらのキッチンの熱源と、ガス台、ビルトインのオーブン、食洗機はすべて同じメーカーのものです。

キッチンと平行に置いたカウンターに立つと、ダイニング全体が見渡せます。野菜を切るときも、ケーキの生地を作るときも、お茶を淹れるときも、壁に向かってで

はなくて、開放的なダイニングのほうを向いて仕事ができるのは快適です。

この熱源のあるカウンター（作業台）は、朝ごはんや軽いランチ、少人数の夕食をとるテーブルとしても使えます。大勢のときは配膳台として使え、一日中活躍している、わが家では一番働き者の家具です。

シンクをはめこんだキッチンは、通常の奥行きに＋10センチ。これだけでものすごく使いやすくなる

一般的にシンクをはめこんだカウンターは、奥行きが60センチと決められています。そこをわが家は10センチ深くとった、70センチにしています。見た目にはわかりませんが、この10センチが実はとても意味があるのです。これからキッチンを作る方におすすめしたいのは、奥行きを余分にとることです。

というのも、シンクやガス台には規格サイズがあり、そのためにキッチンの横幅は余分にとりにくく、シンクとガス台の間が50センチ程度の幅しかなかったりする。まな板を置いて調理をするスペース＝「台」が、幅50センチしかない台所も少なくありません。

しかし奥行きは、ある程度の自由が利きます。10センチはとれないにしても、5センチでもいいから奥行きを深く作れば、それだけでまったく違ってくる。仕事が格段にしやすくなります。

奥行きを10センチ深くすることで、幅1メートルにつき、A3ぐらいのスペースが生まれます。つまり幅1メートルにつき、大きめのまな板1枚分はとれるというわけです。奥に大きな鍋を置いても、手前にまな板を置いて切り物ができるのだから、奥行きがあるとないとでは使い勝手が雲泥の差。10センチ奥行きが深いだけで、作業中にものがあっても邪魔にならない。これはとても大きなことです。

キッチンにはそのときに使う食材しか置きません。いつもあるのは黄色いレモンぐらい。

作りつけの下駄箱を取り除いたら……。出てきた段差がすてきだったので、そのまま使うことに。

料理が格段にレベルアップするキッチンの秘密

キッチンの奥行きを深くできなかったり、キッチンカウンターを置くことができない場合でも、市販のキャスター付きのワゴンやエレクターなどを利用して、「台」を増やすことは可能です。私が狭小キッチンを使っていたときは、エレクターが大活躍で、なくてはならないものでした。

その場合は、ワゴンを決してもの置き場にしないこと。あくまでも作業するための「台」として、何も置かないようにします。

台所仕事は、家事の中でも最も創造的な仕事です。キッチンでは頭も使うし、手も使うし、五感も使う。ですからキッチンは、ものを作り出すアトリエのようなスペースと考えていいと思う。人が存分に立ち働けることこそが先決で、「台」は空いているほうがよいのです。よいレストランのキッチンを見ると、作業していないときは何も置かず、作業中には必要なものだけが置かれています。家庭の台所もこの状態を目指すと、料理が格段にレベルアップするものです。

調理道具をたくさん持つよりも、作業のできるスペースを持つことのほうが重要です。道具はすでに持っているもので、いくらでも代用できます。キッチンが狭くて使いにくいとグチを言う前に、ものを減らして、減らしたところで生まれた空間を、〝空間として〟使う。そうすると驚くほど、台所仕事がスムーズになります。

食材と道具は分けて収納する。これもぜひ、おすすめしたいこと

わが家のまわりは緑が多い分、買い物は少し不便です。そこで、ある程度の量を常備する食品庫が必要でした。それがパントリーです。

どんなキッチンでも、食品と台所道具はきっちりと置き場を分けると、整理がしやすくなります。キッチンに収納がたくさんあっても、そこに道具類も食材もいっしょくたに入っていれば、ものの管理は難しいのです。

調味料、保存食、乾物、米など、冷蔵以外で保存しておく食材は、すべてパントリーに収めるようにすれば、過不足なくストックができて無駄がありません。ひとたび、このシステムを作っておけば台所も散らかりにくいはずです。

わが家を例にとりますと、キッチン部分だけ見れば約16平米の広さです。鍋釜、バットやボウル、まな板などの調理道具は下の戸棚に収めていますが、キッチン側には食材は一切置いていません。食材はパントリーに置いているので、料理をするときにそこから持ってきます。

パントリーはキッチンに続く位置関係です。ダイニング側からは入り口しか見えない、約7平米の細長いスペースです。わが家では、2台の冷蔵庫も（冷蔵庫＝食品保存室という考え方ですので）この中に置き、乾物などの食品のストックや調味料・スパイスはすべて、パントリーに作ったコの字型のオープン棚に収めています。

この棚ですが、奥行きの浅いところがミソ。浅い棚なら、置いてあるもののストック状態が一目で見渡せます。逆に奥行きが深いと、ものを詰め込みやすいので目が届かなくなり、奥にある食材の存在を忘れて、賞味期限切れのゴミになってしまったりします。棚の中はあまりキチキチにしないようにして、使う頻度に合わせて食材を置く場所をざっくりと決めておきます。

部屋としてのパントリーでなくても、エレクターなどのラック一台、あるいは戸棚など一定の場所を決めて、食品のみを入れるスペースとするのも手。そこがパントリーというわけです。そのときも食材は詰め込まず、一目で見える状態にしておくことが大事です。

エレクターも入らないキッチンを使っていたときは、戸棚を一ヶ所決めて、そこにきちんと入るだけの量の食材を保存していました。近所に食料品店があれば、そこがわが家の食品庫と考えればいいのでは？　そのほうが台所が散らからないし、食材を溜め込むよりも新鮮なものが手に入ります。

食品の中でも調理中に頻繁に使う調味料は、熱源の近くに置いておきます。そのほうが料理がスムーズ。戸棚に入れる場合は、取り出しやすくてすぐに見分けがつくように、戸棚の中に回転式の台や、手前に引き出せるタ

オークの天板のカウンター。奥行きも90センチとたっぷり。

シンクのまわりに敷き詰めたのは、オリーブ色の国産のタイル。

イプの小さめのラックを使うのもアイデア。ここは工夫のしどころです。

シンクまわりがすっきり、の理由

キッチンの水回りにものがたくさん置かれていると、汚れやすくて衛生的ではありません。キッチンがリビングとつながっている場合はなおさらです。リビングの一部にキッチンがある——というふうにして、いつもすっきりとさせておきたいので、私は水まわりにもものを出しておかないようにしています。

シンクは一槽型で、片端にラバーゼ（メーカーと共同開発しているキッチン道具のブランド）のシンクインバスケットをはめこんでいます。外から見えないこの水切りかごは、水まわりをすっきりとさせたい方にはおすすめです。

洗い物がたくさん出るときは食洗機を使います。水が溜まらないデザインのラバーゼの大きな水切りかごも使いますが、使い終わったら、乾いた布巾で拭いておけば水あかのしみはつかず、いつもきれいです。

棚板＋かごのスタイルは、25年来のわが家のスタンダードです

大方のキッチンには吊り戸棚がありますが、これはものがあまり入らない上に使いにくい。ですから、私は吊り戸棚はつけません。その代わりに、壁に奥行きの浅いオープンの棚をいくつかつけてもらい、その上にかごをのせて、細かいものを収納しています。

この発想がどこから来たかというと、イタリアの家をリノベーションしたときに、イタリア人建築家のランフランコ氏が「こういうふうにしたらいいよ」と棚板を壁につけてくれたんですね。その棚に、ぶどう摘み用のかごをひょいとのせて。かごの中にいろいろなものを……ミトン、ふきん、ゴミ受けのネット、フードプロセッサーの部品などなど、キッチンで使うものを入れるようになりました。目線より上の高さにかごを置くと、中身が外から見えないので、生活感が出なくてなかなかよかっ

たです。

以来、どの家でも、棚板＋かごを取り入れるようになりました。ちなみにかごはその土地を物語るので、実に興味深い。イタリアならやっぱり地元のかごですし、野尻湖なら、近くの戸隠《とがくし》の名産である根曲がり竹のかごを使っています。東京の家ではミックスですね。ヨーロッパ、アメリカ、東南アジアといろいろです。生まれて初めて飛騨で買った小さなかごもあります。出生が違っても、天然素材のかごは、一緒に並べておいても喧嘩をしないのがいいところ。

自宅のキッチンの壁の棚は、アイランドと同じオーク材です。私の身長に合わせて、1段目をこの高さに、2段目をこの高さに……と依頼しました。目線に近い一番下の棚は、深すぎると邪魔ですので、奥行きを浅くしてあります。上になるにつれて奥行きは深くなり、大きなかごものせられます。

パントリー（的なもの）を持つことをおすすめします。この家ではキッチンの隣の4畳ほどの空間をパントリーに。

写真中央、冷蔵庫もパントリーの入り口近くに置いています。

作業台の上はいつも何もない状態。だから、思い立ったらすぐにお菓子を作ったりもできる。

壁

壁の色は、最初に決めた基本の3色のひとつ、グレーとグリーンを帯びたホワイトベージュです。

ところどころにコンクリートのむきだしの面が残っていて、これは建築家のアイデア。リノベーションをするときに元の壁を落としてみたら、中から出てきたコンクリートの躯体《くたい》がすごくすてきだったので、あえて残して使うことにしました。

この家にカーテンは掛けていなくて、白のロールスクリーンで遮光しています。フラットなスクリーンは壁と同化して見えてくれます。

床

床も壁と同じトーンのホワイトベージュで塗っていますが、この色を出すのはなかなか難しかったようです。床は玄関からずっと同じ色で、この色じたいは落ち着いていて、すべてを包みこむような温かみのある白です。

ダイニングの隣の小さな部屋には、麻とウール混紡の白いラグを敷いています。冬は温かく、夏は手ざわりがさらりとして気持ちよく、これなら畳と同じ感覚で、じかに座って、李朝膳で晩酌を楽しむこともできます。

天井

天井はできるだけ高くして、基調色となるホワイトベージュで塗装しました。

天井が低いと、容積がグッと小さくなり、圧迫感があります。部分的に天井を低くして、包まれた空間を演出するのもすてきですが、でもやっぱり、天井は高いほうが気持ちがいいものです。

玄関

ドアを開けて入るとすぐに、大きな窓があります。

リノベーションをする前は、窓の下に腰高の靴箱が作り付けてありました。私は靴をそれほど持っていませんので、靴箱は取り除くことにしました。すると下から、ベンチ型のコンクリートの躯体が現れて。「あら、面白いから、このままでいいんじゃない?」ということになり、床と同じホワイトベージュで塗って、そのままの状態にしてあります。

窓のあるこのスペースは遊びの空間ですので、編み目のきれいなかごを置いたり、窓辺にキャンドルを並べて、暗くなると明かりを楽しんだりしています。

窓と反対面の壁には、木でできた小さな靴箱を置き、鋳物製のシンプルなコート掛けを置いています。

それから玄関に必要なのは……靴ベラひとつぐらいかしら。

ベランダ

この建物は築年数が古く、どこのマンションにもあるような、ごく普通のコンクリートのベランダがついています。そこに、床と同じトーンの白で塗ったすのこを敷き詰めています。こんなふうに色を揃えると、リビングからベランダへと床がひと続きのような感じになり、内と外との境が曖昧になってくれます。

床を拭くときにベランダもモップできれいに拭き上げています。こうしておけば室内履きや裸足のまま、いつでもベランダに出られるわけです。お料理の途中で、プランターのハーブを摘みに行く、なんていうときも、わざわざ履き物を替えなくていいので気楽。ベランダを、もうひとつの気持ちのいい部屋のような感覚で使うことができます。

照明

照明には2タイプあると思います。まず、その場を明るくする目的でつける、照明器具じたいは存在感がないもの。これを仮にAタイプとしましょう。もうひとつのBタイプは、部屋の雰囲気を作ってくれる、照明器具じたいにデザインやムードのあるものです。

この家には、Aの照明として、天井にダウンライトをいくつか取り付けてあります。またキッチンの壁の棚板の中に、LEDの照明が組み込まれていて、手元の明るさを確保できます。

Bの照明としては、ペンダントタイプのものを使っています。天井からワイヤーで吊し、テーブルなどの上の、わりと低い場所から照らすのが好みです。

オークのアイランドの上に吊したのは、乳白色のガラ

香川県高松市の「桜製作所」で作ってもらった、ジョージ ナカシマのダイニングテーブル。これにイギリスの「ロイズ」の椅子を合わせて。

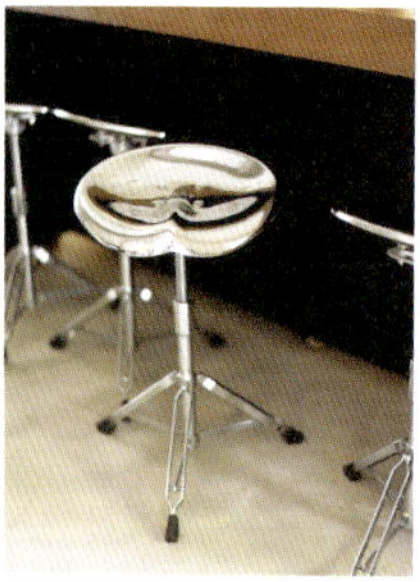

ベランダにはすのこを敷いて、毎日モップをかけて、そのまま出られるように。写真左上のキッチンカウンターの椅子はドラム用。椅子は遊べる要素です。

重厚なテーブル、軽やかな椅子、モダンなイタリアの照明“ベラドンナ”の組み合わせ。

スでできた傘の照明。イタリアのもので、カタログで見たときに、このシンプルな形がすごく気に入って取り寄せました。もう10年以上使っています。

ダイニングテーブルの上に吊している照明もイタリア製で、まずは名前に惹かれたんです。「ベラドンナ」っていうんですよ。イタリア語で「美しい女性」。いったいどんな照明かしら、と興味を持って見たら、透明なガラスの筒形で、中の3つの電球が花束のようにまとまっている。名前の通り、とても魅力的だったので「これにしよう！」と。イタリアのライトはやっぱりきれいだし、遊び心があるし、すてきです。

Bのタイプの照明は、飽きたら全然違うものにすると、部屋のイメージが変わります。シンプルなデザインばかりでなく、バレリーナがたくさんいるような、ひらひらとしたものがいっぱいぶら下がっている照明なんかも、そのうちにつけてみたいと憧れています。

ダイニングテーブル

昔からそうなのですが、わが家は10人前後が座れる大きな丸テーブルを、ダイニングの中に置いています。丸いテーブルは人数が増えても融通が利きます。テーブルの形は、大勢でいるときに違いがよくわかります。横長テーブルと丸テーブルの違い、それは横長テーブルだと話題が分かれてしまうけれど、丸テーブルだと話題がひとつになり、みんなでひとつのことを話せることです。楕円のテーブルにも同じ効果があります。

無垢のブラックウォールナットのダイニングテーブルは、以前から使っているものです。ジョージ ナカシマ（日系アメリカ人の建築家）が米国の自身の工房のほかで世界で唯一、家具作りのパートナーとした、四国高松の「桜製作所」でオーダーしました。

桜製作所は素晴らしいです。ずらりと並んだ木材の美しさにも圧倒されますが、工場で作る様子も見られて、すてきなテーブルや椅子がたくさんあって、本当にかっこいい。ときが経つのも忘れて見とれてしまいます。

木材の置き場で好みの木を選んだら、希望のサイズや形を伝え、あとは製作所におまかせ。木の自然な美しさを最大限に活かして、釘を使わない伝統的な木組みにより、世界にひとつだけのテーブルを仕上げてくれます。

椅子

ジョージ ナカシマのダイニングテーブルが、どっしりとした重厚なものですので、合わせる椅子はホンワカとしたものを選びました。紙のこよりでできた椅子のシリーズから、かさばらないビストロチェアのタイプを、イギリスの「ロイズ」で注文。伝統的なロイズも、最近は英国内で作るもの、東南アジアで作るものとあり、工房が違うと、仕上がりやニュアンスが違うようです。適度なクッション性を備えていて、この椅子は実に座り心地がいいです。紙でできているところが気持ちいいのです。

F&B社の色見本帖から、白、オフホワイト、ペールブルーとピンクなどの色を選び、5客注文した椅子をすべてバラバラの色に塗ってもらいました。家の中にあまり色がないので、椅子ぐらいは色が欲しいと思ったのです。

そもそも私はテーブルに、必ずしも同じ椅子が並んでいなくてもいいという考えです。ひとつのテーブルに、木のアンティークの椅子、籐椅子、ビニールのチューブでできた椅子など、デザインも材質も色も違うバラバラの椅子を置いていたこともあります。楽しいし、なかなかしゃれて見えるんです。色を変えることでリラックス感が出たと思います。

キッチンのオークのカウンターで使っているのは、実はドラム用のスツールです。これを探してきた建築家が言っていましたが、カウンターにちょうどいい椅子って、世の中にあまりないのだそう。その点、このスツールは、くるくると座面を回すだけで高さが変えられて、カウンターで使っても場所をとらず、ちょっと腰掛けるのにぴったりなのです。

収納

ガス台やシンクを組み込んだキッチンの下は、戸棚になっています。壁と同じ白の扉で、取っ手がなくて、閉めたときは壁と一体化して見える収納です。

中にはまな板、鍋、フライパンなどの台所道具を収めています。70センチの奥行きをフルに使えるように、スライド式のラックをはめこんだ戸棚もあります。このステンレス製のスライドラックは、ドイツの家具金物メーカー「ハーフェレ社」のもので、動きがスムーズで耐荷重もあり、とてもよくできています。

この家では、オーブンを目線の位置に置きたいと考えました。私はよくオーブンを使うので、かがまずにすむ高さのほうがいいな、と思って。そこでキッチンの横のスペースにビルトインすることにして、キッチンと面揃えにしたら、オーブンの上下に奥行き70センチの収納スペースができました。

手の届きにくい上段は漆器等の空箱を入れます。予備の戸棚です。下段にはハーフェレ社のスライドラックを使い、バットやボウルを重ねて収納しています。メーカーと共同開発しているラバーゼのバットやボウルは、肉厚なステンレスでできているので、重さがあるのです。それらを取り出しやすく収めることができて、この収納はとても気に入っています。

オークのアイランドにも、キッチン側に大きな引き出しをつけてあります。カトラリー、キッチンばさみ、缶切り、竹串、おろし金……。引き出しをガッと引けば雑多な道具が一目で見渡せるように、ここはあえて大きな浅い引き出しにしました。

キッチンに近い腰高の窓の下にも、トップをタイルにしたオープンな棚を作りました。ここにはかごに収めたクロス類、フードプロセッサーなどを置いています。

ダイニングは壁一面の上下に戸棚を作り付けて、ここは食器棚として使っています。食器棚はあまり奥行きがないほうが使いやすいです。よく使う大皿や大鉢が、ぎりぎり入るぐらいの奥行きにしています。

腰高の窓の下にはオープンな棚を。奥行き26センチ。

道具は全部しまいます。まな板もまとめて戸棚の中に。バットやボウルは、目線の高さに設置したオーブンの下に引き出し式収納で。

ふきんや雑巾の置き場所考

1回だけお茶碗を拭いて、まだ使うよ、っていうふきんを、みなさんはどうされているのでしょう。私は棚の上に置いたかごの中にポン、と入れておきます。今日1日使うふきんは、かごの中にポン。かごの中にはふきん1枚しか入れません。そして、1日使ったら洗います。

この方法、どこかに掛けるよりも楽だし、第一、ふきんは見えないのが一番です。

人が来るときなど、食器を拭いたり、手を拭いたりするふきんがたくさん出る場合は、キッチンの傍らにラバーゼのふたつきのボウルを置いておいて、汚れたふきんをその中にポン、ポンと放り込んでいきます。ふたをしてしまえば見えないし、ステンレスのボウルなら濡れたふきんを入れても気にならず、そのまま洗濯機に運んで洗えばいいので衛生的です。スタジオで料理教室をするときには大量のふきんを使いますが、そのときも同じ方法です。ふたつきのラバーゼの大ボウルが、使用済みふきんの一時置き場になります。

台ぶきんも、仕事が終わればレンジのまわりなどを拭いて、すぐに洗ってしまいます。

使いかけのふきん類を、キッチンのそこいらへんに置いておくことは極力しないように努力します。ふきんでも鍋つかみでもなんでも、「吊すと急に生活感が出てしまう」と建築家も言うように、こんなちょっとした美意識も建築家と共有できると、きれいに暮らす方向性が見えてきます。

雑巾も、掛けるところがありません。拭いたら、雑巾などの汚れものを入れる専用のかごが洗濯機のそばにあるので、その中に入れます。

雑巾の場合は、たくさんたまってから洗うということはなく、1日か、長くても2日ぐらいで、足拭きマットなどと一緒に洗います。長く置くとにおいが出たりと衛生的でないので、1日か、長くても2日です。

そうしてきれいに洗って乾燥させて、雑巾を入れるかごの中にしまいます。ですからうちの場合は、洗うサイクルが短いのかもしれませんね。それで、使いかけの濡れた雑巾がそのへんにある、という状態がないわけです。

衣類の収納、本の収納には、インターリュプケを使用。そこに収まるだけしか持たないことに

洋服の収納には、昔から「インターリュプケ」を使っています。インターリュプケは世界で初めてシステマティックな収納家具を打ち出したと言われる、ドイツのメーカーです。

スペースの広さや高さや奥行きに合わせて、専門業者が戸棚やハンガーや引き出しを組み合わせて、好みの収納を作ってくれます。空間を無駄なく使え、とても合理的。見た目もすっきりとした壁面収納です。引っ越しのときは、インターリュプケ専門の業者が来て、新しいスペースに合わせて収納をしつらえてくれるシステムです。

洋服は少ないので、寝室の壁面にあるインターリュプケに収まるだけ、と決めています。オールシーズンの衣類をこの中に収めて、ほかに洋服ダンスのようなものは持っていません。

本の収納も、壁全体が本棚になるインターリュプケです。本もまた、その棚からはみ出さないようにしています。

多目的の部屋も必要。戸を開ければワンルームに、泊まり客があるときは小さな部屋にもなるわけです

ダイニングの隣にある7畳ほどの部屋は、戸を開けっ放しにしておけば、キッチン、ダイニングとひと続きのスペースになります。この部屋はほかとは雰囲気を変えて、グッとくつろげる空間にしたかった。それで、毛足の長いウールと麻の混紡のラグを敷きました。

大きなクッションをごろんごろんと転がして、ラグにじかに座って、目線の低い暮らしを楽しみます。椅子ばかりの生活でなく、たまにはソファに横になったり、床に座ったり、いろいろな体勢になれるとうれしい。

お客様のときに大きな漆盆をテーブルがわりに置いて、ラグの上にじかに座ってお茶を飲んだりすることも。あぐらをかいたり、寝転がれる場があるとリラックスでき

ラグもファブリックも白からベージュ、グレーのグラデーションでまとめています。

右上の写真の3本の線は、居間の引き戸のレール。ダイニングの隣の多目的の部屋。くつろぎにも。

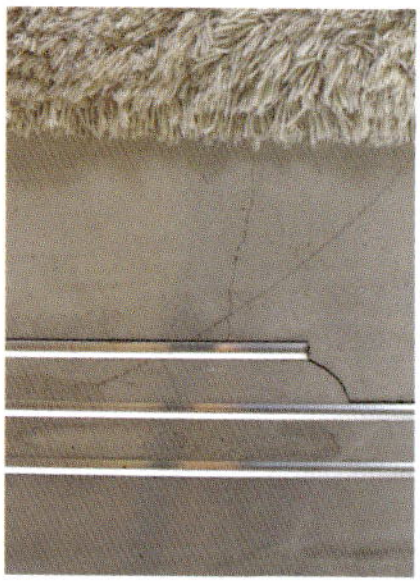

毛足の長いラグを敷いて、“低い暮らし”を楽しむ部屋。窓にカーテンはつけず、スクリーンを。

る。お酒を飲みつつ寝転がって、たまにはお行儀が悪いのもいいものです。

冬になると、火鉢を出します。火鉢の炭火でパンを焼くと、格別おいしいもの。李朝膳をテーブルがわりにして紅茶のカップやバターをのせて、この部屋で座って朝食をとることが多くなります。冬のお楽しみです。

くつろぎの空間では、色も大事な要素です。いろいろな色があると疲れるし、気になります。ですから、ラグ、ソファカバー、クッション、ロールスクリーンを、白からベージュのくぐもった色のグラデーションでまとめています。私はインテリアファブリックは、同じトーンで揃えるのが好きです。落ち着きのあるシックな雰囲気になってくれると思います。

さまざまな用途に使える、こういう部屋がひとつあると、暮らしに変化がつきます。

リビングと、この多目的スペースの間は、引き戸で仕切る事ができます。

床にシルバーのラインが走ったような、引き戸のレールは建築家の考案です。こうした建具用金物も、あまり存在を主張しないように、凹凸の少ない、できるだけシンプルなものを選んでいるようです。

ちなみに、この部屋には木の戸棚をひとつ置いているのですが、これは小さな戸棚が欲しくて、目黒のロイドで何十年も前に作ってもらったもの。もうアンティーク化していますが、奥行きと幅が実に使いやすい戸棚です。小さなものを入れるのに具合のよいサイズです。

第3章

働く場としての東京の家　その2　スタジオ

基本データ◉広さ　約66平米　間取り　キッチンスペース+フリーなスペース、トイレ、ランドリールーム
集合住宅の建築時にスタジオとして入居することを決め、自由に設計。２００８年入居。賃貸

建物の階段をのぼる途中で、この景色が目にパッと飛び込んでくるわけです。

「けやきガーデン」の前庭。緑が涼しい木陰を作ってくれる、みなさんの憩いの場。

都会だからこそ、緑が欲しくて。ケヤキの木の保護活動から始まりました

スタジオのあるこの場所とは、不思議な縁があるようです。

順を追って説明しますと、家庭を持ってすぐに十数年、家族で住んだ家がここにあったんです。建築家の宮脇檀《まゆみ》さんの設計で、コンクリートや檜《ひのき》をふんだんに使った、モダンな建物。建築雑誌の表紙を飾ったこともありました。

その後、いくつもの家を経験して、あるとき知人を介して、よい家があるので住まないかという話が持ち上がったのです。とにかく広々としたスペースで、キッチンを自由に設計していいという好条件。建て替えまでの期間限定ですが、ちょうど、広いスタジオが欲しいと思っていたので興味を持って詳しく聞くと、なんと、以前に住んでいた家だったのです。まったくの偶然です。

インテリアが好きな方ならば、名前を聞いたことがあるかもしれません。80年代に、アメリカンカントリーの雑貨やアンティークを扱う「デポー」というおしゃれな店がありました。カフェも併設した、今どきの雑貨屋さんの走りのような店です。そのデポーも、私たちが去ったあとにこの場所にありました。

約30年の歳月を経て、2004年に私が再び入居した（帰ってきた？）ときには、もともと3階建ての大きな建物は、改装に改装が重ねられていました。1階は仕切りのない広い空間で、私はここを丸ごと、キッチンと、大人数の料理教室もできるスタジオにリノベーション。2階はプライベートに使っていました。

この建物は当初の予定通り、3年ちょっと住んだ時点で取り壊しになりました。広い庭まで含めた土地を一度更地にして、1階に4店舗を入れた、3階建ての賃貸物件として建て替えられることになったのです。私は建て替え後も入居を決めていました。

1階にラバーゼの道具やオリジナルのエプロン、料理教室で使う調味料などを扱う店「shop 281」を開くことに。2階にスタジオを作り、ここで料理教室を開いたり、撮影をしたり。初めて住居と切り離した、完全に〝仕事の場〟としてのスタジオを作ることになりました。

そして3階は自分の居室に。建物の片側を、縦に1階から3階まで使うという、ちょっと楽しい計画です。過剰な職住近接のスタイルでしたが、便利なこと、この上ありません。

八木正嗣《やぎまさし》、八木このみの建築家夫婦は、「今までにないことをやろう」という気持ちと創造力がある一方で、本当の使いやすさを追求するからこそ、無駄を削《そ》ぎ落とすことのできる人たち。このみは私の長女ですので、もちろん母親である私の好みやライフスタイルをよく知っています。家づくりが好きな私にとって、娘夫婦が建築家であることは最高にラッキーなことです。

2階のスタジオと3階の自宅のキッチンは、私が使いやすいように、八木建築研究所が設計を担当することになりました。

さて、この建物の工事が始まる前に、私にとっては大きな問題が持ち上がりました。かつて宮脇檀さん設計の家があった、敷地内にはえていた大きなケヤキの木を伐採することが、設計計画に盛り込まれていたのです。

樹木がそこにある意味は大きいのです。大きな木があれば、夏には涼しい木陰ができて、そのまわりに植物が育ち、人間の心身をくつろがせてくれる。そこを通るたびに「ここはなんだか気持ちがいい」と人が感じる。そういうことが、私には生きている上で一番大事なことに思えます。だから木が伐《き》られるというのは一大事で、なんとかして残したいと思いました。都会だからこそ、樹木を1本でも多く残したい。

それで近隣のＮＰＯ団体の方たちに相談して、木を残すべく、募金活動をしたのです。建築中、この木は他所へ一時引越し、建物が出来上がったときに帰ってきました。植え替えでうまく植付くか、とても心配したものです。そうして建物の前庭にケヤキの木は生き続けることになり、この建物には「けやきガーデン」という名前がつけられました。

今も芽吹きの季節は気がかりで、若草色の新芽が出てくるとほっとします。

スタジオの全景です。向かって右側に見えるのはすべて収納の戸棚。上部にはぐるりと鏡か

建築家へのリクエスト

用途に合わせてレイアウトを変えられるようにしてほしい

スタジオを作るときにリクエストしたのは、「空間をフレキシブルに使えるようにしたい」ということです。部屋のレイアウトを、私やスタッフたちの女手だけでも自由に変えられるようにしたかったのです。人数が多くても少なくても、それぞれに使いやすく、気分のよい空間にできるように。ときと場合によって、人がいろいろな向きで料理をしたり、話し合いをしたり、さまざまなシーンに対応できるように。

料理の撮影をするときは、写真家が春夏秋冬や時間帯による光の変化を見て、いろいろな場所で撮影ができるのが理想です。できあがった料理ばかりでなく、料理途中の写真を撮ることも多いのです。だから調理台も机も、できるだけ動かしやすいようにしたかった。

部屋も、頭の中と同じで、凝り固まらずに可動領域が大きいと、使い方のアイデアも次々と沸いてくる。いろいろなシーンに合わせて、そのときそのときでベストに使えるように、振り幅の大きな空間であるのがいいと思うのです。せっかくのスペースなのですから、精一杯、使いきることです。

限られた面積で、部屋を広く使うためにいったいどうしたのか。マンション建築という制約の中で、オープンな場であるスタジオを作るために苦心したことは何か。マンションをモダンにリノベーションしたい、と思っている方の参考になることもあると思いますので、建築家に詳しく話してもらいましょう（以下「　」内は、八木建築研究所・八木このみの話）。

建築家の話—

鏡、壁に見えるフラットな収納……。できるだけ広く見せる工夫をしました

「このスタジオを作るにあたって、まず考えたことは2点。限られたスペースをできるだけ広く見せることと、できるだけ広く使えることです。

空間を広く使うためには、スペースになるべく凸凹がないほうがいいんです。だから長方形の箱のような、空間そのままの形を活かすことにしました。空間を区切ったり、家具などで分断すると、部屋はどうしても狭くなります。

凸凹を作らないために、必要なものを壁面にぴったりと沿わせて配置しました。シンク、ガス台、オーブン、食洗機をはめこんだキッチンは、壁にL字型に作り付けました。大量にある食器類は、壁の一面に天井近くから床までの収納を作り付けて、すべてが収まるようにしました。

食器を収めたこの戸棚は、奥行きを揃えて前面をフラットにし、金属などの取っ手をつけずに仕上げてあります（扉の側面に凹みをつけて開閉ができるようにしています）。そして、壁と同じグリーンがかった白で塗っています。だから壁と同化して見えるんです。大量のものを収めるには、この手の壁面収納が一番効率がよく、場所をとらず、部屋をすっきりと広く見せてくれると思います。

なぜ、この食器棚を天井までの高さにしなかったかというと、上のほうの棚にのせたものは手が届かないので、どうしても使わなくなるし、天井近くにぐるりと鏡を貼りたかったからです。

気付く方は少ないようですが、この部屋の壁の3面に、天井から45センチほどの高さで鏡を貼っています。こうすると隣まで部屋が続いているように見えて、とても広く感じられます。鏡は使い方次第で、とても効果が出るんです」

建築家の話2

キャスターつきの作業台で、レイアウトをいかようにも変えられるようにしました

「数人で立ち働くことの多い料理スタジオですから、壁にL字型に作り付けたキッチンだけでは作業台がとうてい足りません。そこで、IHを組み込んだキャスターつきの大きなアイランド（作業台）を作りました。

アイランドはキッチンと同じ高さに揃えてあり、キッチンにくっつけてコの字型に使うこともできます。もちろん、キッチンと離して使うこともできる。キッチンスペースの中を自由に動くアイランドです。

作業台や机を動かして、自在にレイアウトを変えられます。そう言えば私は昔から、ひとりでも家具を動かして家の模様がえが好きでした。

モルタルの天板は貫入が入るのも面白い。照明は小ぶりなものをいくつも吊り下げて。

アイランドのトップは3センチ厚さのモルタルです（キッチンの天板も同素材）。水に強く、汚れも拭き取りやすく、なかなか優れた素材だと思います。

モルタルはセメントと砂でできた塗り材で、砂利の混ざったコンクリートに比べると弱くて割れやすいのですが、薄く仕上げることができ、軽やかさがあります。

モルタルに顔料を入れてグレーの色を作ったのですが、自然なまだらができて、なかなかおしゃれな感じになりました。割れやすいので、使ううちに自然にひびが入ってくるのも、器の貫入《かんにゅう》みたいで、むしろ味となる。ひびを嫌う人もいるかもしれませんが、母は面白がってくれているようです。実際、素材や、お料理を盛りつけた器をポンと置くと、すてきに映《は》える天板なんです。

このスタジオは借りている物件で、永久的な場所ではないので、あえて耐久性の点では弱いモルタルを使ってみたところもあります。

作業台や出窓の天板に使ったモルタルのグレー、壁や壁面収納のグリーンがかった白、床などの木の色――スタジオはこの3色が基調色になっています。

2015年に作業台をもうひとつ新しく導入しました。エレクターの上に竹の天板をのせて固定したオリジナルで、これもキャスターをつけて動かせるようにしてあります。

また、アイランドと高さを揃えているので、アイランドと縦にくっつければ、とても長い作業台ができるんです。作業台の左右に生徒さんが10人ぐらいずつ立って、みんなで料理の試作をしたり、包丁研《と》ぎのレッスンができるようになりました。

さらにこの作業台は、天板が手触りのよい竹なので、独立したテーブルとしても使えます（同じ竹素材でベンチも作りました）。脚は棚板をつけたエレクターなので、オープンな収納スペースとなり、母は見た目もすてきなオリーブの木のボウルを重ねて、しまっています」

建築家の話3

マンション特有の梁《はり》をなんとか隠したかった

「マンションという建物の構造上、部屋の中にどうしても梁や柱がドンとあるわけです。このスタジオの場合は4本の梁があります。四角い梁の形が目立つと、マンション感がぬぐえないんですね。オリジナルな空間作りの邪魔になる。だから、梁の形をなんとか目立たなくしたかった。

それで、梁の部分にも鏡を貼りました。先にお話した食器棚上部の鏡の面の高さと、梁の鏡面の高さを揃えることによって、違和感を感じないように配慮しています。梁のモノとしての存在感を消すためには、側面だけでなく下面にも気を配らなければなりません。下面はどうしても存在するわけですが、厚みを消すことにより、存在感が消失することを狙いました。これらの処理で、「部屋を広く見せる工夫」と「梁を消す工夫」を同時に行っています。

これも、言われないとわからない。外からはエッジしか見えないのだから、言われてもよくわからない。ですが、棚の厚みをなくすだけで、部屋の印象はだいぶ違います。棚板を感じさせずに、そこに集めたかごなどを飾ることで、とてもおしゃれなイメージになります。

梁にしろ、棚板の厚みにしろ、普通は見逃しているところですが、こういう部分の存在感を消すことで、見せたいものが逆に引き立つわけです」

建築家の話4

引き戸のレール、戸棚の戸、一貫して金物を使わないようにしています

「66平米のスペースを細かく仕切らずに、広々と使えるようにしましたが、時と場合によっては小さな空間が欲しいときもあります。

キッチン側でイベント用の大量の料理をスタッフ総動員で仕込んでいるときに、母に出版社やメーカーの方との打ち合わせが入っていたり。あるいは、あえて小さな空間で食卓を囲むことで、親密度が増すこともあるでしょう。

そんなこともふまえて、キッチンの対極となる場所に小さな部屋が作れるように、引き戸をつけました。戸を開け放して空間を広く使うときには、引き戸は梁の横幅に収まって隠れるようになっています。

引き戸にはよく金物のレールを使いますが、木の床に光る金物では存在感がありすぎます。そこで、掃除の妨げに

もならないように、凸凹の少ない木製のレールを使用しました。
食器棚やアイランドの下の収納に、金物の取っ手を使っていないのも、取っ手の存在感を消してフラットにしたかったからです。木やかごといった天然素材の持ち味が生きるように、有元の家ではどこも一貫して金物を使わないようにしています」

こうした建築家の話から私が思うのは、家作りにおいては〝見えなくすること〟も大切だということ。主役はあくまでも「住む」人間です。だから、人が暮らして快適なように、〝目に美しくないものを見せない〟。必要なものは作り込むけれど、〝見えないほうがよいものは上手に隠す〟――。この塩梅がきっと大事なのですね。

作業台兼テーブルの脚部分にも、エレクターを使用。

階段を上がったところにトイレが２つ。人がたくさん集まるスタジオならではの工夫です。

床

スタジオの床は木です。よく見ると、入り口側に古い木が少し貼ってあって、ほかの部分と木材が異なります。

実はこの古い木は、けやきガーデンができる前の建物に使われていたもの。そこはかつてアメリカン・アンティークショップ兼、その店のオーナーの自宅でした。自宅部分を取り壊すときに、使われていた床の木材が建築家いわく「とても味のある、なかなかない古い木材」だったので、できる限り剥《は》がして、スタジオの床として使わせてもらおうということになりました。

古い家から新しい家へ、記憶の断片が継承されることになったわけです。

新しい木材の中から、古い木材になるべく近いものを探して組み合わせ、温かみがあって、足の感触が柔らかなフローリングでスタジオの床全面を仕上げてあります。

収納

食器を収めた壁一面の収納は、既製の食器棚よりも奥行きが浅いと思います。食器は奥行きがありすぎると取り出しにくい。45センチぐらいあれば充分です。

扉を閉めたときの縦の筋を見るとわかるのですが、戸棚ごとに幅を多少違えて作られています。大皿や大鉢が1枚入る幅の棚、取り分け皿を2種類ぐらい横に並べて入れられる幅、洋食器のディナープレートが入る幅……というふうに。

「スペースの関係で、扉の幅を均一にすることができなかったので、ならばあえてバラバラの幅ということで全体の統一をはかった」と建築家は言っています。

私自身も、収納は「ここの棚には、こういうものを収める」と、入れる場所がなんとなく決まっていればいいという考え。出し入れがしやすければ掃除も自ずとしやすくなるのです。

壁に作り付けたキッチン、アイランドの下も戸棚になっています。鍋釜などの道具を収めるには60センチの奥行きがあればよく、横幅90センチのアイランドの片面に鍋釜を収めても、さらに奥行きが余ります。そこで反対面にも奥行きの浅い戸棚を作りました。こちらにはふきんや、カトラリーや箸などを収めています。

箸も、ナイフ&フォークも、サーバー類も、うちでは コップを大きくしたような筒形の容れ物に入れて、戸棚に立てた状態でしまっています。いろいろ試してみましたが、箸やカトラリーはこの方法でしまうのが一番整理しやすく、出し入れもしやすく、省スペースで清潔を保ちやすいのです。

なので、そのまま食卓に出せるデザインで、安定感がよい大きなコップみたいな容れ物がどうしても必要で、さんざん探したのですが……。どこにもないということがわかったので、それでラバーゼで「ツールスタンド」という商品を作った経緯もあります（戸棚の中で実際に使っているものです）。このツールスタンドのおかげで、大量のカトラリーや調理用ツールの収納スペースが、ぐっと小さくてすむようになりました。これがなければ、ツール用の引き出しに多くのスペースを費やすことになります。

アイランドの下の戸棚は、扉を開けても何も入っていません。ここは予備の空間。空間の使い方はいろいろですが、たとえば、おもてなしをするとき、私はあらかじめ使う器のコーディネイトをして、棚の中に用意しておく。こうして使う器を先に揃えておくと、頭の中が整理されて、料理もスムーズに進めることができます。

ものを使って、私たちは生活しています。ものは、空いている場所がないと動きません。ものをいきいきと動かして、充分に使いきるために、戸棚の中や台の上の空きスペースはどうしても必要なのです。

余談ですが、現代人は背骨が固まりやすい生活をしています。固まった背骨に付随している内臓の働きも衰え、それで老化も早まるのだとか。背骨の間も空間を空けて動くようにしておかないと、という話を聞き、私は戸棚の中を連想してしまいました。家も体も同じなのですね。

エレクター

エレクターと初めて出会ったのは、数十年前のニューヨークのディーン&デルーカでした。アメリカの什器《じゅうき》であるエレクターを、店内のあらゆる場面でかっこよく使っていたのが忘れられない記憶です。

エレクターは60年代中盤に日本に入ってきて、私はわ

昔からこの場所で使われていた床材と、新しいものを組み合わせました。

壁みたいな食器棚。よく見ると、幅が微妙に違うのがわかると思います。

りと早い時期から使っていると思います。

それまで戸棚や収納家具といえばサイズが決まっていて、箱型で中身が見えなかったり、ガラスの扉がついていたり、置いておくと圧迫感のあるものばかりでした。その点、クロームメッキされたエレクターは、業務用什器ならではのシンプルなかっこよさがあります。また、脚や棚板などを自分で組み合わせて、好きな大きさや形で使えるのも魅力です。扉のないオープンな棚なので、台所道具からオーディオから衣類まで、実にさまざまな用途に使えます。それになんといっても、耐荷重が大きく（棚板1枚で250キログラム）、キャスターをつけて動かせるのがいい。

上から中段の棚には何も置かないようにして、そのときどきに使う食材を並べたり、料理途中の鍋をちょっと置いたりする作業台として使っています。下段には使用頻度の高いボウルやバットを重ねて置いています。これらのラバーゼの道具は頑丈なステンレスでできているので、数がまとまると重いのですが、耐荷重に優れているエレクターなら安心。このままキャスターで動かして、掃除もラクラクできます。

テーブル

テーブルは3種類あります。

ひとつは4〜6人が座れるサイズの長方形。これは八木建築研究所のオリジナルで、木目の風合いを活かして、あえて木目が見えるように乳白色で塗った天板です。一枚板に見えるように、継ぎ目がわからない天板の作り方を製作所にお願いしているそうです。明るい色の、優しい雰囲気のテーブルだと思います。

もうひとつは以前に自宅で使っていたアンティークの楕円形の焦げ茶色の木のテーブル。バタフライタイプで、左右の天板を折りたためるので、半円形にして壁にくっつけておくこともできます。

残りのひとつは、作業台にもなる竹の天板×エレクターの脚のテーブル。

この3種類を時と場合と人数によって使い分けています。ゆったりと食事を楽しむときには楕円のテーブルや、木目の白のテーブルで。撮影の合間にわいわいと昼ごはんを食べるときには竹のテーブルで。テーブルを変えると気分が変わるから楽しいです。

椅子

前のスタジオを作ったときに揃えた椅子です。まとまった数を揃えたかったので、なるべく安価でよい椅子を建築家と探さなければならなくて。家具屋では気に入ったものがなく、ヨーロッパ・北欧の家具全般を独自で輸入されている、家具の専門家に相談することにしました。木製で、できるだけシンプルで、比較的安価に輸入できること――が私たちの条件です。いろいろと見せていただく中で、この椅子が気に入りました。どこが、って、この〝なんでもなさ〟がです。

イタリアの「Crassevig社」のANNAという名前の椅子です。１９９７年のルドヴィカ&ロベルト・パロンバのデザインで、日本では当時から今に至るまで、ほとんど流通がないそうです。「この椅子はいいですよ！Crassevig社は北イタリアの街にあり、椅子作りでは有名です」と家具専門家の方が言っていました。木材の曲げ加工技術がとても素晴らしく、ANNAもその高い技術があるからこそ可能なデザインなのではないか、と。

色は座面サンプルの中から、明るすぎず暗すぎない、中間の木の色を選びました。

棚板＋かご

キッチンの壁面にはわが家のトレードマーク、棚板＋かごのコーナーを作りました。外からは見えませんが、かごの中には水切りネットや空き瓶などを収めています。みんなで使うスタジオには実用するものしか置かず、特に飾るようなこともしていませんので、かごは〝用の美〟でアクセントとなってくれているかもしれません。

照明

部屋の真ん中に、ポン、ポン、ポンと天井から下げているのは、デンマークのLIGHTYEARS（ライトイヤーズ）社のペンダントライトです。雑誌で見て、このシェードのデザインがシンプルですてきだな、と思いました。ちょっと長細い形で、乳白色の薄手の笠で。それで

目線より上の棚＋かご。一段でもあると違う。

エレクターの上部や戸棚の中には〝ものを置かない〟場所を作ることが大事。ものを充分使い切るには空いた場所が必要です。

たとえば、ご飯茶碗は揃ってなくてもいいわけで。かつてはひとつのテーブルにバラバラの椅子を使ったことも。頭を柔らかくすることです。

ひとつながりの空間も、引き戸を閉めれば小さな空間が作れる仕組み。左下はトイレの中。この3列のペーパーホルダーは生徒さんたちにも好評。

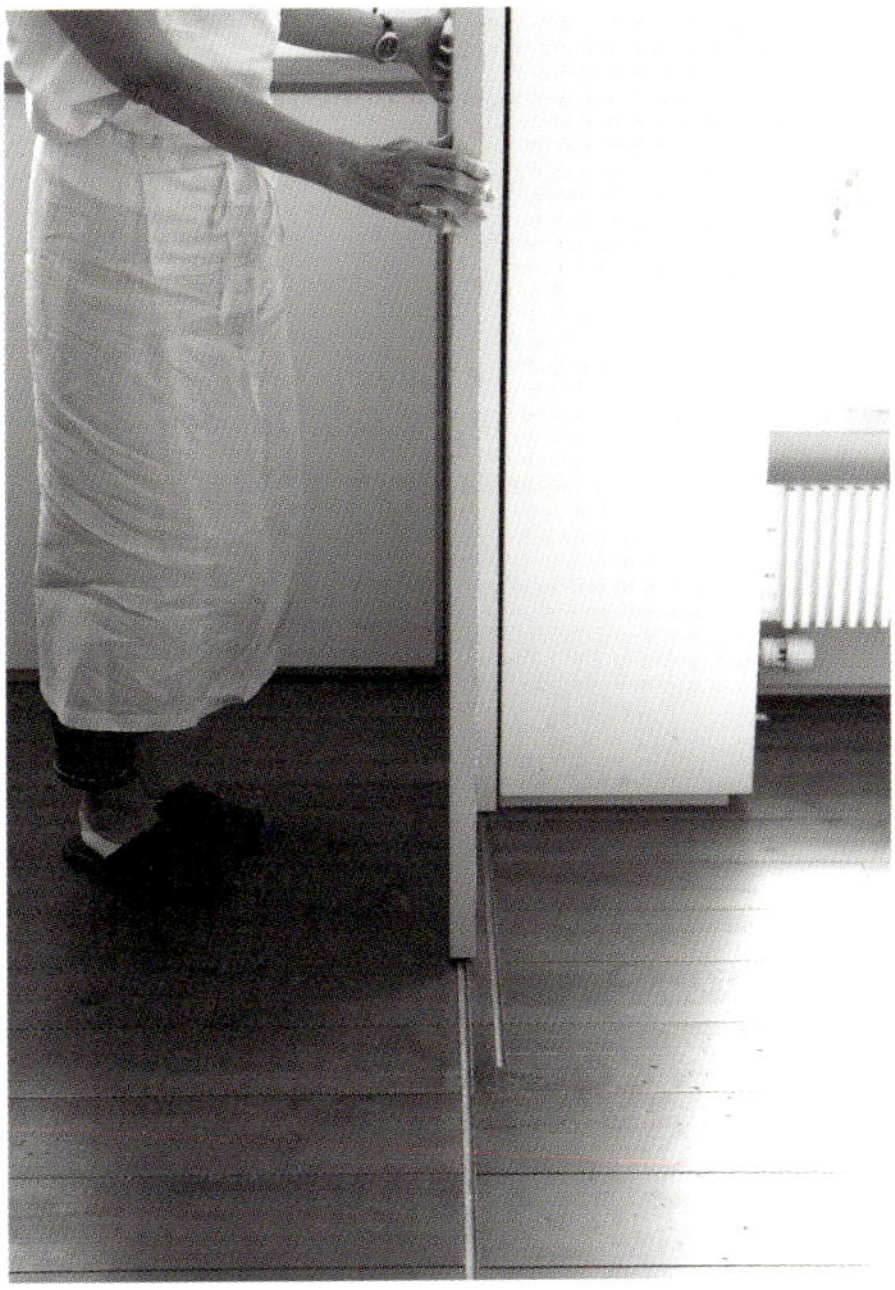

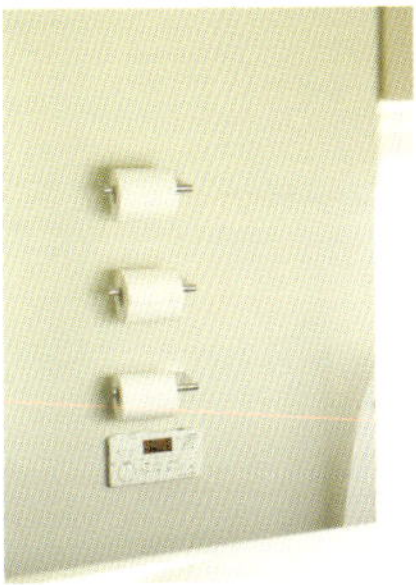

ショールームへ行って実物を見て決めました。小さめの同じ照明をいくつか吊すスタイルが、モダンで可愛らしいですよね。

キッチンの壁（棚板の下）につけたスポットライトは、倉俣史朗《くらまたしろう》のデザインのK-SPOTです。建築家が「前から使ってみたかった」ものだそう。さりげなくてかっこいいんですが熱も出ます。これが結構役立っていて、たとえば作った料理を冷ましたくないときに、このライトの下に置いておきます。

スタジオという公共性のある場所では、照明もあまり主張せず、主張はしないけれど、さりげなくて感じのいいものを選びたいと思います。

窓際

けやきガーデンの建物は、全室共通の温水ヒーターを使用しています。この部屋ではヒーターは、腰よりも低めの高さの窓の下にはめこまれています。

この部分に奥行き22センチの出窓を作ったのは正解でした。ヒーターの目隠しになると同時に、ちょっとものを置いたりできるのがとても便利。スタッフや生徒さんがバッグ置き場にしたりとか。陽当たりがよいので、私は洗った密閉容器などをこの台の上や、窓の外のフェンスに置いて干したりもします。

窓際に作ったこの台も、キッチンやアイランドと同じモルタル素材で、キッチンからつながって見えるように工夫されています。

冷暖房

パッと見にはわからないのですが、梁の上部にエアコンがあります（67ページの写真を見ていただければわかるはずです）。

もちろん、そのままズバリのむきだし状態ではなく、白い木枠を横に組んだ格子状の枠で覆って、中の機械は見えなくしてあります。床に近いところにある温水ヒーターが縦のライン、天井に近いところにあるエアコンが横のラインで、いずれも白ですから、インテリアにうまく溶け込んでくれています。

階上のトイレ

けやきガーデンの2階、3階の部屋は、中2階というか、室内に階段があって小さなスペースがある作りになっています。スタジオは人が大勢来るところですので、私たちはここにトイレを2つと、ユーリティリティルームを作りました。

ヨーロッパにはよく、トイレだけが地下にあるレストランがありますが、その逆です。でも、意味合いとしては一緒かもしれない。みんなが過ごしているところとは違うフラットにトイレがあると、ホッと一息つけます。プライベート感があって、身だしなみを整えるのにも、なかなかいいものだと思います。

「3つ縦に並べたペーパーホルダーがおしゃれですね」って、トイレを使ったみなさんが言います。中にはご自分の家で真似された方もいるようです。

飾っているもの

室内の鉢植えが、もう長年うちにいる植物たちなので、死にかけていたのです。それで、若い枝木だけを残して、残ったいくつかの植物を自分たちで寄せ植えにしました。そうしたら、みるみる元気になってきれいに生き返りました。

グリーンの寄せ植え、いいものです。目に涼しくて。白とグレーの、ともすると無機的になりがちなスタジオの中で、生きた緑は有機的な空気を与えてくれます。ちなみに土の部分は園芸店で買ってきたモスをのせて目隠し。鉢のままでは味気ないので、私はかごやオリーブの大ボウルを鉢カバーがわりに使っています。

もうひとつ、棚の上に置いているのは、高久敏士さんの白磁たち。高久さんは、陶芸家の黒田泰蔵《くろだたいぞう》さん（エッジの立った、それはそれは美しい白磁を作る方です）のお弟子さんだった方です。器も使いやすいのですが、花入れや手あぶりなどの大きなものはひときわフォルムがきれいで、こうして飾っておいてもすてきです。

前庭に植えた藤の木が、2階、いや3階までも蔓をのばして。コンクリートと緑は相性がよいです

そして、緑。誰でも自由に入って来られる庭の必要性をとても感じます

2008年にこのスタジオを作って、あっという間に月日が流れました。けやきガーデンの前庭に残ったケヤキの木々は、ますます大きくなりました。そのそばに私が植えた藤はムクムクと枝葉をのばして、2階を越え、3階までのぼってフェンスに絡みつき、コンクリートとからまったグリーンがすてきです。

アジサイ、クリスマスローズ、バラ、テッセン、オルレア、さまざまなミントやセージたち、ミョウガ、アスパラガス……。「庭が寂しくなってきたわね」と気がつくと、スタッフと園芸店へ苗を買いに行きますし、野原から拾ってきた種をまいたら芽が出てきた、名前もわからない草もたくさんあります。ところかまわず、品種を問わず、私やうちのスタッフが前庭にさまざまな植物を植えてきたので、庭は本当にもしゃもしゃで、夏になると鬱蒼とした森のようなのです。

まわりを囲むフェンスのようなものはありませんから、前庭にはどなたでも入って来られます。実際、外に2時間ぐらいしゃがみこんで草むしりをしていると、いろいろな人が声をかけてくれるんです。「よく育ちましたね」「この花は何かしら」「写真を撮っていいですか」と。「いつもありがとう」なんて言われちゃったりもする。

イタリアでもイギリスでも、町歩きがとても楽しいんです。散歩していると、可愛らしいカーテンの向こうに人の暮らしている様子がうかがえたり、きれいなお花の鉢が外に向けて置かれたりしています。つつましい中にも、日々の普通の暮らしを美しく整えていて、家の中にも外にもその様子が自然に現れている。町全体を美しく整えるという意識が高いのでしょう。だから町歩きが楽しいのです。

日本はどうでしょうか。防犯やプライバシーの問題もあるから、昔のように開けっぱなしというわけにもいかないのが現状ですが、各家と町全体がもう少しつながる意識があれば、そこに住む楽しさも生まれてくるでしょう。閉鎖的になると、ちょっとした物音に目くじらを立

てることになる。住人がそれぞれ暮らしの中から出てくる音やにおいにも過敏になってしまう。

そんな都会でもオープンな庭があるだけで、人と人との垣根がとれて、会話が生まれることもあるのです。

人と言葉を交わすって、すてきなことです。緑を間にして知らない方と話すのは気持ちのよいことです。話すと、体の中に新鮮な空気が入ってくる。それもこれも緑のおかげです。木や植物には人の心をなごませる力があるから、頑なになって閉じている私たちの心が開放的になるのだと思います。植物は、人と人との触媒になってくれることを実感しています。

6～7年前から月に1回のペースで、前庭でファーマーズマーケットを開くようになったのも、緑いっぱいのこの空間があったからです。

東京近県でよい野菜をまじめに作ろうとしている若者たちと出会って、けやきガーデンのご近所の方々も新鮮な野菜が欲しいんじゃないかしら、と考えて。最初の数回は、マーケットを開催する前々日ぐらいに、私も含め、うちのスタッフでポスティングをしたんですよ。隣町の九品仏《くほんぶつ》のほうまで。誰に頼まれたわけでもないし、自分が野菜を売るわけではないけれど、「こういう野菜が来るから、よかったらどうぞ」とチラシを撒きに行きました。

で、そのうちに「その野菜を使った料理も食べられるといいわね」という話になって、私がせっせと料理を作ってお出しするワンデイカフェも、マーケットのおまけに開くようになりました。最近ではマーケットの開店前に人が並んでいたりして、若い農家さんが持ってくる元気で安心な野菜はほとんど完売してしまいます。

楽しいんですよね。そうやって、みんなで何かをやって暮らしていくことが。知っている人も知らない人も、みなさんが一緒に楽しい気持ちになれるのが理想です。そのためには緑の力が大きい。森みたいな前庭のことを〝都会のオアシス〟と言ってくれた方がいましたが、それは人と人とが触れ合うことのできる〝人間のオアシス〟でもあると思います。

第4章
自然の中で過ごす家

基本データ◎広さ　約66平米　間取り　ダイニングキッチン、寝室、洗面室＋シャワールーム
所有していた土地に2003年に建築

キッチンに立つと、目の前はこんな風景。きっと家の中で、ここが一番の特等席。

この家は〝挫折〟から生まれました

　長野県は縦に長くて、ここはその最北端に位置する場所です。黒姫山《くろひめやま》、妙高山《みょうこうさん》などを見渡せる小高い山の中にあり、山のふもとには野尻湖が広がっています。そんな場所に、昔々に買った土地があることも実は長年忘れていたのです。

　もっとも、〝土地〟と呼べるのかどうかも甚《はなは》だ疑問です。総面積128坪で、広さはあるけれど、ただし急傾斜地なので、土地というよりも〝崖〟なんです。だからどうすることもできないと思って、40年以上放りっぱなしだったのでしょう。

　それがふと、この土地のことを思い出したのは、ひとつにはイタリアに家を持って、田舎暮らしの楽しさを知ったせいです。また、ちょうどその頃に、娘夫婦が建築事務所を起《た》ち上げたこともきっかけでした。そうだ、とひらめいて、「あなたたちの第1作目を作ってみない?」と。私自身が家づくりが好きで、建築にも興味があるので、何かワクワクするような新しい楽しみ事を見つけた気分でした。

　八木正嗣、八木このみの建築家夫婦が、最初にここを訪れたときのリアクションは……。「えっ、ここに?ここに家を建てるんですか!?」「土地というよりも崖地、ですよ」。あのときは本当にびっくりしたと、のちになってもふたりは笑い話にしています。

　料理でも何でもそうなのですが、「材料が揃わないから」とか「道具がない」とか「環境が整わないから」という理由で、「できない」と頭から否定せずに、どうやったらできるかを考えたほうが楽しい、私はそう思う。必ず道は拓けるものだ、と考える私は楽観主義者かもしれません。でも実際、困難な状況が目の前に現れたときほど、自分の力が試されると思って試行錯誤すると、解決策が出ることはよくあります。

　普通に考えたら、別荘を建てるには悪条件すぎる土地だとしても、違う角度から見てみるとよい点もあります。崖地であるということは、逆に考えれば、それゆえに景色が素晴らしいということ。また、誰からも覗かれる心配がないわけです。

うまくすれば、大自然をひとりじめするかのような、贅沢な景観を味わえます。最初、箱のような家が、崖から突き出している形の家が建築家たちから提案されました。私にもイメージがわいてきて、「自然の中にかえって都会的な、モダンな建築物があるのも面白いかもしれない」と。

それから1年ぐらいかけて家の設計が出来上がったのですが、提示された工事費にびっくりしてしまいました。それは大変に高額な見積り額なのです。まったくもって無理だからやり直しが必要、ということになりました。

急傾斜地、比較的軟らかな土地、豪雪地帯という、難問だらけの敷地。そこに依頼主である私は、今までに見たこともないような新しい感覚の家が建つことを期待している。シンプルで無駄がなく、美しくて、本物の素材でできていて……。「こういう空間に住みたい」という思いは私にもあるのですが、それはイメージの断片でしかないわけで、依頼主のイメージのかけらをつなぎ合わせて何もないところから実像を結んでいく、建築家は大変です。

八木建築研究所にしてみれば、初めての作品ということで張り切って、基礎構造の安全性から、豪雪の対策から、私の好みから、何から何まで考え抜いて意気込んで取り組んだ仕事です。それがあえなく没になったのですから、「途方に暮れた」らしい。そして彼らは当時5歳の子どもを連れて、家族3人でインドへ放浪の旅に出てしまったのです。

そのあたりの話から、野尻湖の家の着想に行きつくまでのことは、娘の八木このみに話してもらいましょう。

窓から黒姫山、妙高山を見渡せます。山の向こうまでつながっている空も美しい。

等高線に沿って作られた家。だから床も、デッキも、ガラス窓もゆるやかにカーブ。

建築家の話１

頭をリセット、そして降りてきたのが、〝等高線に沿った家〟という発想でした

「最初の設計が、あまりにお金がかかりすぎるので、一から全部やり直しということになったのですが、その時点では私たちにはもう何も考えられませんでした。お恥ずかしい話ですが、あのときは１年がかりで設計に取り組み、その設計に没頭していたので、新しいものを一から考えることはできない状態でした。

それで、頭を切り替えるにはインドだと思って（笑）。お金もあまり持たず、クレジットカードもカメラも持たずに、かばんひとつだけで旅をするということを３ヶ月間したんです。

安宿に泊まって、手で洗濯をし、現地の人と同じクラスの清潔とは言えない電車に乗って、文明から離れた暮らしをしました。日本に帰ってきたときは、私たちはこんな都会で暮らしていたのか！　とカルチャーショックでした。

この旅をしたことがよかったんです。旅は行き詰まった思考を解きほぐして、私たちを白紙の状態に戻してくれました。そして日本に帰るとすぐに、するするっと何かが、主人のほうに降りてきた。直感的なインスピレーションで、〝等高線に沿った家を作ろう〟というアイデアがわきました。等高線の、自然の地形に沿って家を建てれば、無理がないんじゃないか、って。

没になった最初の設計は、崖地にニョキッと突き出るような鉄の真四角の家でした。無機質でかっこいいんですけれど、構造的にとても無理がありました。さほど硬くない地盤の崖の下から建物の躯体を支えるのも大変ですし、家をコンクリート＋鉄板で作ろうとしていたので重さがかかりすぎる。自然に逆らうことをしようとすれば、手間もお金もかかるのはあたりまえです。

そこで、いかに無理なく負荷を少なく建てられるかを考えました。そのためには自然に対峙するのではなく、自然に寄り添うようにする――。建物の配置は前案とは真逆の、〝等高線に沿った家〟として、自然の輪郭をデザインに取り入れることにしたのです。〝等高線に沿った家〟は、山道にそのまま沿って建っている、ゆるやかにカーブした

長細い家です。等高線の一部をなぞっているような有機的な建築物です。そういう建築は見たことがありませんでしたが、うまくいく予感が私たちにはありました」

建築家の話2

削ぎに削いで、必要最小限のものだけを残し、小さな家にして予算を抑えた

「128坪の傾斜地である敷地の中で、山の等高線に沿わせて、壁のラインをゆるやかに曲げています。計算で出したものではなく、平面上の等高線と内部の機能上の条件から感覚的に出した曲線です。そうして作っていった家の図面は、自然の美しい形にカーブしたラインになりました。普通、家は直線で形づくられますが、この家はゆるやかな曲線でできているわけです。

　こんなふうに、山の中からポンと湧いて出たような建物の形が生まれると、この家はいらない要素を徹底的に削ぎ落として、必要最小限のものだけで作るのがふさわしいと思えてきました。ものが完備された人間主体の豊かさではなくて、自然を敬《うやま》う気持ちに基づいた小さな家が、山の中につつましく建っているのが美しいと思えてきたのです。

　没になった設計では、ゲストルームもあれば大きなお風呂もあって、何もかもを備えた家でしたが、それらを見直しました。

　狭いスペースの中では、おのずと優先順位が決まってきます。まず第1に、母にとって大事なのはキッチン、そして、みんなで過ごすダイニングです。思いきってそれらのスペースを家の大部分を占めるほど大きくとって、残りのスペースで洗面室と小さな寝室を作ることにしました。

　リビングルームを作る余裕はありませんから、代わりにキッチンの傍らに段差をつけて、大きなベンチを作り、思い思いの姿勢でくつろげる場を作りました。ベンチは来客用の簡易ベッドになるしくみで、ベンチの下には寝具が収まります。浴室はバスタブをなくし、代わりに最新式のシャワーをつけたコンパクトなスペースにしました。

　こうしてミニマムな空間にすることで、予算を抑えることができ、この家の主役は何なのか、どういう目的で使われるのか、ということがより明確になった気がします」

天板はコンクリート。カウンターの片側には段差をつけてベンチを。ここが“リビング”です。

カウンターの上の暖炉が、この家のもうひとつの主役。囲いがなくても暖炉はできるのです。

もちろん、窓の景色が家の主役です

建築家たちの導きだした、〝等高線に沿った家〟〝徹底的に削ぎ落とした家〟というプランは私も大いに気に入りました。

崖地である利点を活かして、崖側の壁を上から下まで、透明なガラスにするという発想も私の望むところです。

なんといっても、この家の主役は自然です。

等高線に沿って建つ家は、ガラスの窓も山の地形に沿ってカーブしています。もしもこの窓が直線だったとしたら、小さな家ですから、すぐに向こうの側面の壁が見えて、そこでおしまい。風景が分断されることでしょう。ところが曲線の窓だと、端から端まですべてが景色で、窓の外に景色がずっと続いているようなのです。これはなんとも気持ちがいいです。

窓の向こうは、すぐそこまで木々が迫っています。室内というよりも、森の中で自分も暮らしているみたい。崖の下のほうには小川も流れています。森を越えたはるか向こうには妙高や黒姫の山々が見えて、冬にはスキーを楽しむ人の姿も、ケシ粒ぐらいの大きさですが、見ることができます。

この家の中から、四季折々のダイナミックな自然を眺めるのは格別です。

春先、雪解け水の中にフキノトウが顔を出すと、裸木にふっくらとした若芽が芽吹き始めます。ピンとはりつめた冷たさだった空気がゆるんでくるにしたがい、若芽から明るい緑の若葉が生え出て、朝と夕方では緑の濃さが違う、と感じます

夏の山は鬱蒼としながらも、涼しい空気に満ちあふれています。虫たちが窓をめがけて体当たりしてきたりして、自然の力の旺盛さを感じる季節です。それほどに盛《さか》っていた森も、秋になれば黄色や茶色に様相を変えて、急激にしっとりとおとなしくなっていくのです。

やがて、森が枯れ色一色になる季節の風景が、1年の中で一番好きです。紅葉を過ぎたこの頃は、ただでさえ人が少ない山がひっそりかんとして、本当に静か。枯れ色の、キャメル色の世界は美しく、そこにひとりでいる時間はかけがえのないものです。

森の木々がすっかり葉を落とすと、今度は黒い幹や枝のシルエットがとてもきれいです。特にこのあたりは豪雪地帯ですから、白に覆われた山々に黒い木が規則正しく並んでいるのを眺めていると、シンプルでモダンな北欧デザインのテキスタイルが生まれた理由がわかってくるよう。あれはきっと、自然を模倣したデザインなのでしょうね。

山の中の風景は、1日の間にも刻一刻と変わっていきますので、この家にいると、ずっと外ばかり眺めてしまいます。朝の光もきれいだし、陽の落ちる夕方も素晴らしい。雨の日の、濡れてつやが出る森の姿も魅力的。

谷の下に照明をつけて、夜は樹木がライトアップされるようにしてもらいました。夜の森はまるで、海の底にいるみたいに幻想的。よく、大音量でクラシックのCDを流しています。人里離れた山の中ですので、夜中に大きな音で音楽を楽しんでも、誰からも文句は出ません。

ちなみに谷側と逆の道路側は高い壁で覆われていますので、家の中にいれば誰からも見られることがないのです。私はやりませんけれど、裸でいたって平気です。家の中を覗けるのは「ふくろう」くらい。ガラス戸の向こうにある高い小楢《こなら》の枝に止まったふくろうと目が合ってしまいました。

もうひとつの主役が、長さ5・3メートルのカウンターの上の暖炉

この家にやってくると、まず、みなさんが「わぁ！」と、一面ガラス張りの窓の外の景観に歓声を上げます。その次に存在感があるのが、長さ5・3メートルのカウンターキッチンです。

約66平米の長方形をした平屋の、3分の2ほどの広さをダイニングキッチンが占めていて、その中心に長いカウンターキッチンが据えてあります。谷側のガラス張りの窓、カウンターキッチン、道側の壁が川の字に並んでいるような位置関係です。

カウンターキッチンには、窓の景色を眺めながら料理ができるように、シンクとレンジトップが組みこまれています。下にはオーブンと食洗機がはめこんであります。

ちょうど3時のお茶を飲む頃に、こんな光で満ちる季節も。

逆サイドの下部分は食器が収まる戸棚になっています。

そして、カウンターの片側に暖炉があるのです。カウンターの上に、です。このカウンター上の暖炉を私はどうしても作りたかったんです。

イタリア暮らしで、調理にも使う〝火〟としての暖炉の魅力を知りました。そしてもうひとつ。フランスの山の中にある「ミシェル・ブラ」というレストランへ行ったとき。ウェイティングスペースに、まわりになんの囲いもないオープンな暖炉があって、すごくすてきだったんです。それで「こういうのを作ってみたい。できるよね」って。

建築家は「上でものを燃やせて、キッチンの天板として使える素材としては、コンクリートしかない」とすぐに思ったそうです。また、〝等高線に沿った家〟の中心に、中骨《なかぼね》みたいに置くカウンターキッチンなのだから、これも等高線に沿った曲線になるわけで。そのカーブを作るためにも、コンクリートを流してカウンターの天板を作るのが好都合だったと言っています。

コンクリートの上に、イタリアの家の暖炉を参考にして日本で作った黒いアイアンの五徳を置き、その上に薪《まき》をくべて火を熾《おこ》すのです。暖炉の上にはもちろん、専用のレンジフードが完備されています。

この暖炉があるせいで、冬も雪の中をわが家へやってくる人たちがたくさんいます。暖炉の火で、肉や魚や野菜やチーズやパンを焼いて、オリーブオイルと塩をかけるだけのメニューを楽しみにやってくるんです。

パチパチとはぜる暖炉の火は、それだけでもご馳走。火の向こうに黒い山々が見えたり、白い雪景色が広がるのもすてきな光景です。暖炉を焚くと、家じゅうがとっても暖かくなるから、冷えたシャンパンがひときわおいしい。

酔いつぶれてしまう人が現れたら……。暖炉のそばの幅広のベンチがベッドになりますから、ご安心を。そんな、大人の楽しみのために作った家なのですから。

建築家へのリクエストー

ペロションのピンクの器が似合う家に

イタリア中部のトスカーナにアトリエを構える、陶芸家のクリスチャンヌ・ペロションは特別な友人です。

25年前の話ですが、パリのショップで吸い寄せられるように惹かれた器がありました。私はその場で「作者はどなたですか？　お会いしたいので、住所を教えていただけると嬉しいのですが」と、お店の関係者にお願いしていました。つまり、そんなことをさせるほどの一目惚れだったわけです。

それで次にイタリアへ行ったときに電話をして、アトリエへ訪ねて行ったのです。偶然にも、作者のペロションさんのアトリエ兼ご自宅は、イタリアの私の家から車で行ける場所にあります。

まわりになんにもない山の中です。ペロションさんはスイス人ですが、トスカーナの自然に魅せられて、人里離れた山の中の、元は教会だった古い建物をアトリエにされていました。仕事に没頭するために、その環境が彼女には必要だったようです。ご家族も一緒にトスカーナに住んでいて、ご主人が畑を作って野菜を育てる、自給自足のような暮らしぶりです。

私も、そばに自然がなければ生きていけないと思う人間。初対面のときから、ペロションさんとすっかり意気投合してしまい、途中でお昼ごはんをいただいたりして、陽が落ちるまで、アトリエで器を見ながらゆっくり話し込んで。以来、そんな関係がずっと続いています。

日本人の器への感心は特別なものがあります。ペロションさんの器も今やすっかり知れ渡り、いろいろなお店で見かけるようになりました。そうなると私は独自のものが欲しくなって、「こういう形で、こういう色のものはできないかしら」と相談して、最近はペロションさんと私だけのコラボレーションの器を楽しんでいます。

初めて彼女のアトリエを訪ねたときのことに、話を戻します。私はそのとき、濃いピンク色の器に強く惹かれました。これものちになって、ピンク色の器がパーッと流行るのですが、当時はそんな色の器は見たことがなかった。それにペロションさんのピンクはトスカーナの夕

カラマツの木はあたりがとてもよく、柔らか。松煙入りの自然塗料で黒に塗った床がす

木目を活かしたダイニングテーブル。ピンクのもののみならず、ペロションの器がはえる。

焼けを彷彿《ほうふつ》とさせる、なんとも美しい色合いなのです。自然から生まれた色です。とても気に入って、ピンクの器をいくつも持ち帰ったのですが……私にとっても、こんな色の器は前代未聞の持ち物です。

と、そんなときに野尻湖に家を作ることになったのです。私は建築家にリクエストを出しました。「ペロションさんのピンクの器が似合う家にしてほしい」

床と天井は黒、壁は白というモノトーンの家が、彼らからの見事な答えでした。

建築家へのリクエスト2

なるべく「土地のもの」を使いたい

イタリアの家は中世の街並が残る町にあり、建物の外観を勝手に変えることができません。どの家も似たような感じで、ピンク色を帯びた石造りです。だから、町全体が統一されていて美しいのです。オリーブの林やフェンネルの香る野原など、あたりの自然によくなじむ温かみのある街並です。私は家の中もできるだけ、建物が中世の修道院だった頃の手法でリノベーションしてほしいと、現地の建築家に頼みました。

なぜかといえば、その土地で育ったものを食べるのが、人の体に一番いいように、家も土地に合った材料や手法で作られるべきなんじゃないか、と思ったからです。

野尻湖の家も、なるべく土地のもので作ってほしいと建築家にリクエストしました。せっかく自然に恵まれた長野の山の中に家を建てるのですから、安価だからとか、便利だからという理由で外国産の建材などを使うのは、ちょっと違うんじゃないかな、と。

気持ちの問題でしょうか。いや、触れた感じとか、目で見た感じとか、そこから醸し出される空気みたいなものを、私たちは本当は敏感に感じ取っているはずです。五感で受け取っているんだと思う。だから、できるだけ気持ちがいいように。それにはやっぱり、自然に逆らわないことです。

建築家へのリクエスト3

「横の線」を作らないで

もうひとつ、建築家に注文したのは「横の線を入れないで」ということ。

何のことだか、おわかりになりますか？

今の日本の家にはたいてい、壁の下のところに幅木《はばき》があります。5センチ幅だったり7センチ幅だったりまちまちですが、そのぐらいの幅の横線がぐるりと家の中にある。

私はあれが嫌いなのです。横の線があると、そこにほこりやゴミがたまります。それで雑巾で拭くと、今度は壁が汚れるんです。どうしようもない。だから横の線を入れないでほしい、と。

ちょっと話が逸《そ》れますが、メーカーと共同開発しているキッチン道具の「ラバーゼ」のシリーズで、一番最初に作ったのはボウルやざるでした。巷《ちまた》で売られているものは縁《ふち》に巻き込みがあって、あそこに汚れがたまるのがとても嫌だったんです。だから、スッと縁が切り立ったデザインのボウルやざるを作りました。

巷のざるにはワイヤーを底までぐるりと通して補強しているものもあります。あのワイヤーの部分にも汚れがたまるので、ラバーゼではそれも省きました。難しい仕事でも、やればできるのです。生活の中で不具合を感じたら、〝あたりまえ〟であることも疑って、改善したほうがいい。道具も家も同じだと思います。

幅木に話を戻しますが、建築家からも「幅木をなくすことで、視覚的なノイズを減らす工夫ができる」という意見が出ました。幅木があると建築的には、壁と床のつなぎ目などの汚い部分を隠せるメリットがあるそうです。また、掃除機が当たりやすい場所なので、その補強の意味もあるとか。

だったら、仕上げをきれいにしてもらって、住人は掃除機をかけるときに気をつければいい。私はそちらを選びます。幅木の横の線がないだけで、家はずいぶんすっきりと見えるものです（以後、私のどの家も「横の線なし」が基本ルールになっています）。「建築的な要素を減らすことにより、家に置かれるさまざまなものを美しく見せる工夫を随所で行っている」と建築家は話します。

道路に面した東側の壁はクローズド。その分、天井近くに明かりとりの天窓を。

幅木を作らないことで見た目がすっきりとします。

外壁、柱、梁、天井、床

家のほとんどが、この土地で育ったカラマツの木で作られています。拭き漆調の自然塗料に、松煙《しょうえん》を混ぜて調合したものがカラマツに塗装されています。その色はチャコールグレーというか、茶が混じったような落ち着いた墨色。外壁も柱も梁も天井も床もすべて、この黒なのです。

今は引退されているようですが、家を建築している頃は、東京に自然塗料の巨匠のような方がいらしたそうです。建築家がその方のところへ相談に行き、イメージ通りの〝黒〟を調合できたのです。そして、施工してくれた長野市の田中建設さんが、地元の材料による塗料を調達してくれました。

カラマツの木はあたりがとても柔らかく、床を裸足で歩くと、なんともいい気持ちです。床暖房を入れてありますので、冬も裸足で歩いたりしています。

黒い塗料は長年使っている間に少しはげてきましたが、むしろそれが味わいになっています。どんどん木になじんで、落ち着いて風合いがよくなってきた。このシックな黒のおかげで、野尻湖の家ではペロションさんのピンクの器のみならず、沖縄の鮮やかなブルーの器など、いろいろな器を楽しむことができます。

壁

ほかが墨色ですので、明るさや軽さが欲しい。バランスをとるために、壁は白という選択です。壁を白くすることで空間に広がりが出ました。

実は先に、この家で使う椅子が決まっていたのです。イタリアの家で使っているのと同じ革の椅子の白いもの、と。なので、その色となじむ白の珪藻土《けいそうど》で壁を塗っています。

珪藻土とは、珪藻という藻類の一種が化石化した堆積《たいせき》岩《がん》だそうです。水分を吸ってくれるので、山の中の家につきものの湿気対策にも適しているとか。そのせいか、この家はいつもカラッとして気持ちがいい。建物自体がゆるやかな曲線で、壁もフラットではないので、左官屋さんの熟練した技術があってこその仕上がりです。

ダイニングテーブルと椅子

ダイニングテーブルは、ダイニングのスペースに合わせて、長さ3メートル×幅1メートルで作りました。サイズの問題もそうですが、既存品でこの家に合うテーブルを探すのは難しい。そこで、「1枚板に見えるように継いで、天板はあえて木目が見せたいので、こういうふうに塗料を塗ってください」と建築家がイメージを伝えて、工務店の田中建設さんに作っていただきました。家にしっくりとなじむ、私たちの思い描いていたイメージのものが出来上がりました。

茶色の木目が浮き上がるオフホワイトのテーブル。そこに、白い革の椅子8脚をゆったりと並べています。

椅子はイタリアのものです。イタリアの家を作ったときに、あちらの建築家たちが家具を買いに行く、展示室のようなところへ家具を見に行きました。田舎の工場街の一角に、そういうところがあるんです。この椅子はデザインも好きですし、何より座り心地がとてもいい。イタリアの家で使って気に入っているので、真っ白の革のものを注文し、イタリアから日本に送ってもらって野尻湖でも使っています。

カウンターとベンチ

長さ5・3メートルのカウンターキッチンの天板にはコンクリートが打ってあり、その厚さは8センチ。なかなかに迫力のあるものです。

カウンターをコンクリートで作ると最初に聞いたとき「コンクリート、いいかも」と思いました。そんなものは見たことがないのですが。でも先にも書いたように、上に暖炉を作る冒険もするわけだし、やってみましょう、ということに。5・3メートルを平らにするために、左官屋さんたちが白いセメントを使った生コンを、せいのっ、で一気に流し入れて作ったそうです。

ちなみにコンクリートのカウンターは油汚れも落ちやすいし、しみができたら漂白剤を吹きかけて拭き取るだけできれいになります。お手入れは、たまに石けんみたいな形のビーワックス（蜜蝋《みつろう》）でこするだけです。

このカウンターはダイニング側から見ると、シンク、ドイツ・ガゲナウ社のレンジトップ、暖炉――の順に並んでいます。天板の面が広いので、それらのまわりが作業台であり、ときにはテーブルがわりにもなります。特に暖炉のまわりは、ここで焼いたものを頬ばりながらシャンパンやワインを飲む、とっておきのテーブルです。

暖炉のある壁側に、床よりも高くしたスペースを作り、ゲスト用のベッドにもなるベンチをL字型に作り付けました。60センチとベンチにしては奥行きがありすぎるのですが、人が寝られることのほうを優先させているのです。ベンチの下は物入れになっています。そしてベンチの上に、クッションをたくさん並べています。座ったり寝転んだり、みんなが思い思いにくつろげるように。ここは、この家ならではのコンパクトなリビング兼ダイニング兼ゲスト用のスペースです。

椅子

景色を眺めるために1脚だけ置いてある椅子は……ル・コルビュジェのスリングチェア、だそうです。

家具や照明器具などはデザインや使い心地が気に入れば、私は実はなんでもよくて。デザインした人の名前や商品の名前もうろ覚えだったり、まるで知らずに使っていることがよくあります。

この椅子もそんなひとつ。シンプルなアームに厚い革をかけただけのような、潔さが気に入っています。家の中に置いておくと絵になる椅子です。

収納

この家の収納は、カウンターキッチンの下と、カウンターの後ろにある戸棚だけ。小さな家ですから、収納スペースも限られています。

長さが5・3メートルあるカウンターキッチンの横幅は約1メートル。幅1メートルの下のスペースを有効に使えるように、壁側と窓側の両サイドが収納になっています。

壁側の収納は、食洗機やオーブンが収まる奥行き約60センチ。ボウルやざるやバット類をまとめた戸棚がひとつ。その隣は鍋類の戸棚で、シンク下にはゴミ箱2つが隠れるようになっています。ゴミ箱を収めた扉は、フリッパードアといい、手前に開くと金具で90度に固定されて、そのまま戸棚の中に扉がするすると収まる工夫がされています。つまり調理中は扉を開けっ放しにして、ゴミをすぐに捨てられるようになっているんです。シンクの下の隣はミーレの食洗機、その隣は調味料入れです。暖炉の下は、もちろん薪を入れるスペースにしています。

窓側の収納は約40センチの奥行きで、こちらサイドには器をしまっています。

カウンターの後ろにある天井近くまでの戸棚は、上段の棚にかご（近くの戸隠の名産である根曲がり竹のかごです）の中に、ふきんやゴミ袋のようなものを。その下の棚には、カトラリーをツールスタンドに立てた状態で収納。その下には、水切りかごが収まっています。

照明

照明はなるべく存在感がないように建築家が考えてくれました。それで黒い梁に溶け込むように、黒い小さいスポットライトが必要最小限つけられています。ダイニングテーブルの上にだけ、細長いモダンな照明を吊しています。細長いシェードの中に、上と下を照らす小さなライトがたくさん並んでいるデザインです。ヤマギワで扱っているロングセラーとか。照明は大事です。照明によって、家の雰囲気がものすごく変わる。目立たない照明で必要な明るさをとって、テーブルの上などにインテリア性の高いペンダントタイプの照明をつける——というのがわが家のスタイルです。

洗面室

壁が白、床が黒のカラマツで、ほかのスペースと同じ仕様です。洗面台も黒い塗装ですが、ここだけは自然のものではなく、耐水性のある塗料が使われています。

扉を開けると、洗面台とトイレがあり、透明なガラス扉のついた小さなシャワーブースもこの中に。トイレの上に小さな窓がひとつ。この窓の向こうは外のガレージで、空気の入れ替えをすることができます。

寝室

とても小さなスペース。ベッドがひとつと小さなデスクと、小さなクローゼットがあるだけの空間です。クローゼットの中には寝具と防寒着がほんの少し入っている

梁も柱も床も外壁もマットな墨色で仕上げた家には、モダンなデザインの椅子が合うようです。白い革の椅子はイタリアでオーダーしたもの。

ダイニングテーブルの上には細長い箱型の照明を。

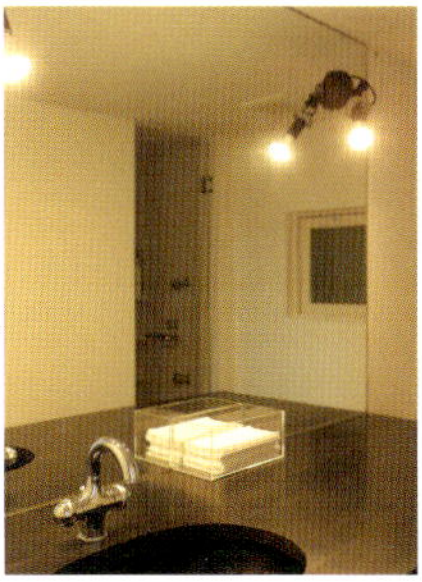

小さな窓があるだけで、洗面室にも開放感が生まれます。

写真右上が、あとで作った〝風の通り道〟のための窓。その下は玄関。コンパクトです。写真左は白いピアノと白いダイニングテーブル。

夜は木々がライトアップされて、幻想的なムードに変身。

だけで、ほかには何も置いていません。

無味乾燥と言ってもいいぐらいで、簡素なホテルみたいな感じ。私はこの簡潔さが好き。ガラス張りの窓の外に広がる素晴らしい風景が、目と心を楽しませてくれるのですから、これで充分なのです。

自分の部屋という意識はなくて、どなたが使ってくださっても結構ぐらいの気持ちですから、私物は置きたくないんです。家にしてもそう。自分の別荘というよりも、みんなで、自然の中でおいしいものを食べて楽しむ場所を作りたい、という気持ちのほうが強かった。だから、しょっちゅう誰かが遊びに来ています。

この小さな家に20人以上が集まってパーティをしたこともあります。そのとき、思いのほか大勢の友人が集まることになって、崖の上に半分突き出たような構造ですから、「何人までこの家の床は大丈夫？」と建築家に聞いたら、計算上50人は大丈夫だという答えでした。床は厚いコンクリートのカウンターや重たいピアノなども支えているので、それもすべて計算に入れて、です。

この家には必要最小限のものしか置いていない分、空間がありますから、大勢で集うことができるのです。ものはいりません。窓の外の自然と、音楽と、おいしいもの、そして気の合った仲間がいたら、これ以上望むことはありません。

窓

谷側は一面が透明なガラス窓。窓というか、透明な壁ですね。黒い柱の並ぶ向こう側に、ガラスが1枚ずつはめこまれて、ゆるやかなカーブを描いています。

構造的にはガラス板だけでなく、壁のようなものがまわりに必要なんだそうです。ガラスを固定するために。でも……床から天井まで、端から端までガラスだけのほうが、圧倒的にすてきです。それで建築家はブレースという鉄のバッテンの補強を使い、ブレースのバックル（金物）も普通は外側に出るところを、下の床のほうに取り付けて見えなくする方法を考えました。シンプルで美しくするためには高度なテクニックが必要なのですね。

巻き上げていると存在を感じませんが、ガラス窓の1枚ずつにロールスクリーンがついています。全開のガラス窓とロールスクリーンを下ろした窓を交互にしたりすると、また、家の雰囲気ががらりと変わって面白い。

道路側の壁は外から家の中が見えないようにクローズしていますが、天井近くに光を採るための小さな窓が開いていています。朝、この窓から差し込む光がすごくきれいなんです。白い壁や白いピアノに朝陽が幻想的な影絵を作って、その中にひとりでたたずんでいると、たまらない気持ちになります。夢みたい。本当に。

デッキ

ガラス窓に沿って、外側に幅50センチほどのデッキがあります。これは建築的にはデッキではなく、ただの窓拭きのための台――という名目。

本当はもっと広いベランダをつけたいところですが、豪雪地帯で雪が自然に崖に落ちるように、屋根に傾斜がついているわけです。ものすごいんですよ、屋根に積もった雪が落ちる音は。初めて聞いたら驚くと思う。なので落ちてくる雪がかからない、ぎりぎりの幅の50センチだけ、カラマツの木床を外に出した形です。崖ですから、デッキは地上から5メートルほどの高さで、本来なら手すりをつけなければいけないらしい。でも、あくまでメンテナンス用ということで、手すりなしです。怖い？

いいえ、まったく。デッキに腰掛けて、足をぶらぶらさせながら森を見るのは、開放的でとってもいい気持ち。私のお気に入りの場所なのです。

扉を開く。すると90度に固定される。そのまますするすると扉が奥へ入る。だから、調理中はゴミ箱の扉を開けっ放しにできるわけです。

カウンターの下には道具や器を収納。写真左は道路側の壁の収納です。下段に水切りかご（チラッと見えるでしょう?）も収めています。

熱源はガゲナウ社のレンジトップ。そして暖炉。

コンクリートの天板は思いのほか扱いがラク。たまに石けん型のビーワックスでこするだけです。暖炉の排気カバーの上にもかごが。

遠さ、不便さ。どちらも東京だけにいれば味わえないことです

家は建てて住んで、初めてわかることがたくさんあります。この家の場合はやっぱり豪雪のこと。

近年はだんだん少なくなってきてはいるのですが、最初の頃は何メートルもの雪が屋根の上に積もりました。家の中を床暖房をつけて温めていると、屋根と雪の間が溶けてきて、それが雪崩《なだれ》のようにゴーッと崖のほうへ崩れ落ちるのです。ものすごい音と振動で、地震じゃないし、いったい何が起こったのかと最初は驚きました。そうしたら目の前を（ガラス窓なので）、大きな雪の塊がどわーっと落ちてきて。初めは怖かったんですが、だんだん面白くなってきました。

屋根から長い氷柱《つらら》がたくさん垂れて、レースのカーテンみたいになったりもします。しだいに氷柱が鮫の歯のように二重三重にもなって。それがだんだん家側に落ちてきて、極限までいくとドッと崖の下に落ちる。きれいだし、面白いですよ、観察していると。でもきっと何トンという重さですから、崖の下に人がいれば完全に死んでしまうと思う。こんなふうに自然と暮らすということは、常に危険と隣り合わせなのです。でもそれを楽しむ気持ちがあれば、ここにいることができる。

東京から野尻湖の家までは、車で3時間の距離です。遠いと思う人もいるかもしれないけれど、その遠さが日常から離れるためには必要な気がします。スケジュール帳に2日の空きがあれば、車を飛ばしてここにやってきます。それほど自然の中で過ごすことが、私には必要なのです。

冬は3時間かけてやってきて、雪道を車で上って、ようやくたどり着いたと思ったら、除雪車が飛ばした雪で高い壁ができていて家に入れない……なんていうこともしばしば。まずは雪かきをして、玄関にたどり着くのです。汗だくになります。

家の中に入れても、今度は電気はちゃんと点くか、ガスは大丈夫か、水道は凍っていないか、不安材料がたくさんです。雪のせいでボイラーがダメになることもよく

あります。水道も、帰る前に完全に水抜きをして、不凍《ふとう》液《えき》（ガソリンスタンドで売っているのです）を入れておかないと、食洗機や洗濯機が凍って破裂して大変なことになる。電気やガスが使えなくて、やむを得ず近くのペンションに泊まったこともあります。

山の家は手間がかかるし、不便なことも多いです。だけど気の持ちようで、不便や手間を面白がってしまえばこちらの勝ち。気持ちが弱っているときは負けます。自分でなんとかしなければ快適さが手に入らないなんて、何もかもスムーズに整えられた都会暮らしでは考えられないこと。ここでは、快適に暮らすためには頑張らなくてはいけません。

キツツキの被害と風の通り道。メンテナンスは必須です

もうひとつ、暮らしてみて驚いたのはキツツキ。家の外壁にキツツキが穴を作ってしまうのです。

くちばしで突いて、まんまるい大きな穴を開けるんです。それは見事なものですよ。でもキツツキの開けた穴に、イタチが入り込んで住んでしまうことがあるのだとか。そうすると家じゅうが臭くなるので、キツツキの穴はすぐに塞《ふさ》がなければいけないんです。

外壁に鉄板を貼り付けてもらうのですが、しばらくぶりに野尻湖の家に行くと、鉄板の横にまた穴が開いていたりする。だからしょっちゅう塞いでいます。大工さんに「また開いてしまったんですけれど、すみません」って。イタチごっこです。

家の中にいると、トントントンとはずむような音がして、「木から落ちたドングリが、屋根の上を転がっているのよ」なんて客人に話していたら、トントン、トントン、トントンと音が大きくて連続的で。「あ！」と慌てて外に出ていくと、キツツキが飛び立つ、なんていうこともありました。でも、キツツキがもともと住んでいたところに家を建てたのだから、優先権はキツツキにあるのですね。

デッキがダメになったこともありました。冬に私がいない間に、屋根から落ちた雪の塊でデッキの半分がとれ

てしまっていたのです。それで梁（小平の構造材）を作り直しました。

近年になって、家に手を入れたのは風の通り道を作ったことです。

気候が変わってきたのでしょう。以前は夏も涼しかったのに、この10年ぐらいはだいぶ暑くなりました。それでも自然の中の家にクーラーはつけたくなくて。それで田中建設さんの発案で建築家が考えてくれたのが風の通り道。

ガラス窓の一部に、飛行機の羽根みたいに、開けたまま斜めに固定できるガラス戸を取り付けたのです。これがあることで、北東から流れてくる風が羽翼の窓に当たって、家の中に流れ込んできます。

という具合に、メンテナンスをしっかりしながら、この家では暮らすことになります。いいえ、ここに限ったことではなく、家はメンテナンスをちゃんとやってあげないと、すぐにダメになります。あちらこちらに目を配り、どこかおかしいところがあれば、面倒に思わずにすぐに対処することです。

遠くの人とのほうが親しくなれるのは、なぜだろう？

野尻湖に家を持ったことで、この土地に友だちや知り合いがたくさんできました。その方たちから、実にいろいろなことを教わりました。

一緒に山歩きをして、春は山菜、秋はきのこと、自然のものを自分たちの手で摘《つ》み取って料理をする楽しさ！

青々としたクレソンが自生する清らかな小川に連れていっていただいて、ついでに山ウドや山スミレも摘んで帰ったり。春の野に出でて若菜つむ……は恋の歌ですが、本当に古い歌を思い出させる、大らかでのどかな世界なのです。ふくろうから熊（！）に至るまで、ここでは生き物の話題が頻繁に出るのも面白い。

それに、おいしいものが好きな人が実に多いのです。地元の素晴らしく美味なお蕎麦屋さん、安くてイキのいいネタが揃うお寿司屋さん、豆の味が濃い豆腐を作っているお豆腐屋さん、新鮮な野菜や果物が豊富に揃う道の駅……おいしいものの情報が自然に集まってきます。

長野の山の中でもここは新潟との県境なので、実は日本海のおいしい魚も手に入るのよ、なんていうことも、教えられて初めて知りました。以来、わが家のパーティには長野の野菜や肉と新潟の魚、山のものも海のものも勢揃いです。

この土地で暮らしていると、なんだかとても気分がいい。どうしてだろう……と考え込んでしまうことがよくあります。東京では近くにいる人とも距離を感じながら暮らしているのに、なぜか遠くの人とは親しい間柄でいられる。

ちょっと前を通りかかったから、とアポイントなしでピンポーンとやっても、山の家の近所の人たちは「どうぞどうぞ。お茶でも飲んでいって」と迎えてくれます。

みなさん、なんというか、ゆとりがあるのです。

それなのに私は東京の慌ただしさからなんとか抜け出して、たった一晩だけ野尻湖で過ごして、またすぐに東京に帰ってくる、なんていうことをしているわけです。

そういうときでも地元の友だちは「来ているなら、せめてうちでお昼ごはんを食べていって」と誘ってくれる。

それで訪ねていくと、雪の降る寒い日に、暖炉の前に小さなテーブルを出して待っていてくれたりする。出してくれるのは自分で採ってきたきのこのおつゆと、自家製のお漬物と炊きたてのごはん。すごくおいしいです、どんなご馳走よりもご馳走だな、って心の底から思います。

でも、昔はみんながそんなふうでしたよね。私は千葉の市川で育ちましたが、ご近所付き合いがとても盛んでした。実家では午前10時と午後の3時に必ず、お茶の時間というのがあって、末娘の私は小学校から帰ると近所に「お茶の時間です」と声をかけにいく役目。するとみなさん集まってきて、近所の方々と一緒にお茶とお菓子とお喋りを1時間ぐらい楽しむのです。そういう習慣があった。

また、うちにはテレビがなかったので、「見においで」と言われて、近所の家へ見に行って、ついでに夕ごはんまで食べさせてもらったり。東京でも、うちの娘たちが小学生ぐらいまでは、隣近所とのお付き合いは結構していたと思います。子どもはなんでも喋ってしまうから、私が自転車に乗れないなんていうことが、ご近所じゅうに知れ渡っていましたから。

こんなことをつらつらと思い出すのは、現代の東京にどこか暮らしにくさを感じているからでしょう。

今はみんなが孤立してしまっている。そういう世の中の構造になっています。ひとりや核家族の暮らしは自由でよいのですが、そればかりでは生きられないと私は感じています。

「住む」ところは、不安や心配がなく、落ち着いた気持ちでいられる場所――と、この本の冒頭に書きました。住まいを快適にしたり、自分の好きな空間に仕立てあげるのは、それはそれで面白いことです。でも、「住む」はそれだけではない。

たとえば災害があったとき、ご近所などまわりの人との関係はとても重要です。実務的なことだけでなく、大きな地震が来て怖かったときに、やはり外に出てきたお隣さんの顔を見てホッとする。そういうことが、人間にはどうしても必要なのだと思います。

田舎にあって、都会になくなりつつあるのは、そうした人の温かさ。自分自身も人に温かくいられるように。

自分の居場所である「住まい」は、どう生きたいかの現れでもあるようです。

第5章
暮らすことを楽しむイタリアの家

基本データ◎広さ　約１００平米　間取り　リビング、ダイニングキッチン、寝室、ゲストルーム、バスルーム
14世紀の建築物の内部をリノベーションして、１９９６年入居

昔は修道院だったという建物には、天井が約5メートルもある部屋も。この窓の下に玄関があります。

1年ぐらい探して、ようやく出会ったのは、元は修道院だった14世紀の建物でした

イタリアの家は、東京よりも野尻湖よりもずっと前に、自分で最初に持った家です。

なぜ最初の家をイタリアに？　みなさんに聞かれます。私は3人の子どもを育てる専業主婦を20年ほどやりました。その間は家の中のこと、特に料理をするのが面白くて面白くて、海外旅行などに気持ちが向く暇もありませんでした。子どもの手が離れた頃にたまたま料理の仕事をするようになって、徐々に忙しくなりました。やがて分刻みの生活に追われるようになると、日常からポンと離れて自分の時間が持ちたくなりました。それには外国への旅がうってつけです。

放っておくと仕事は切りがありませんから、スケジュール帳を睨んで「ここからここまで休む」と決めて、先に飛行機のチケットをとってしまいます。そうして休みを確保して、ヨーロッパやアジアのいろいろなところへ出かけるようになりました。

私には以前から感じていたことがあります。人間は誰にも自分の居場所があって、ただその場所に立つだけで直感でそれがわかる、っていうこと。それは日本国内かもしれないし、外国のまだ訪れたこともない場所かもしれない――。ときとして間違えることもあるのですが。

あるとき、20日間の休みをとって、友人とフランスのシャンパーニュ地方を旅しました。その足で初めてイタリアの地も踏みました。「おいしい野草のサラダを食べさせるレストランがあるから行ってごらんなさい」と人に勧められて訪れたのが、イタリア中部ウンブリアの小さな城壁の町です。自分で運転して行ったのですが、車から降りた瞬間に「ここに住もう」と思ってしまった。

なぜなのかはわかりません。車から降りて空気を吸った瞬間に、「ここに住む」と決めてしまったんです。車を停めた駐車場は高い塀で囲われ、そこが一面、自生するケイパーで覆われていたのを覚えています。そう思わせたのは、ケイパーの香りだったのかもしれないとも思います。土地の人たちにも「なぜここに？」とよく聞かれて、言葉にならない気持ちを説明すると、彼らはみん

な言います、「この土地に恋したんだね」。

　住むと決めると、イタリアに足繁く通って家探しをしました。実はこのことは娘たちにも秘密にしていたので、彼女たちはどうして私がそんなにイタリアへばかり行くのか、不思議に思っていたようです。

　家探しは難航しました。1年ぐらい探して、何十軒も見てまわったのですが、採光や広さの点でなかなか思うような家がなかった。でも、イタリアの普通の家の中を見る機会なんてめったにないですから、あれはあれで面白い体験でした。

　今住んでいるこの家は、半分諦めかけているときに出会いました。メインストリートからちょっと奥へ入った、路地の行き止まりにひっそりとある建物です。

　初めて見に来たときは秋で、入り口から玄関に至るまでの細長いアプローチ（庭）に、ぶどうの蔓《つる》が絡まっていました。紅葉したぶどうの葉に彩られた入り口を見て、「あ、この家にしよう」と決めた気がします。そんなふうな佇まいが気に入ったのです。

　建物の中は荒れ放題でした。だけど、最初からリノベーションするつもりでしたし、それより何より西側にあるベランダからの景色が素晴らしかった。煉瓦屋根の立ち並ぶ、まるで童話の世界のような街並の向こうにオリーブの畑が広がり、ウンブリアの台地を一望できるロケーション。そして空が広いのです。この景色が家を購入する決め手になりました。

　1年がかりで探した家のリノベーションに、さらに1年ほどかかりました。もっとも何もかもがのんびりムードのイタリアでは、これは短期間なほうのようです。ミラノの知人はどうやら10年かかっている様子。

　わが家の場合はリノベーションというよりも、修復です。というのも、改装中にこの家は1300年代（なんと、ヨーロッパにペストの流行ったあの時代）の修道院の一部だったことがわかったのです。今でもその名残が建物の構造に残っています。そんな建物に住むことになったので、できるだけ当時の家の様子に戻して暮らそうと考えました。

久しぶりに帰った家。お隣さんがゲストルームにタオルをたたんでおいてくれました。

ベランダへのガラス窓からは絵のような景色が。晴れの日も曇りの日もすてきです。

建築家へのリクエスト

なるべく元の状態に戻してほしい

それにしても、ようやく家が決まって日本に帰り、「イタリアで家を買ってきた」と告白したときの娘たちの驚いた顔！　面白かったです。でも彼女たちも、私らしいと思ったんじゃないかな。道が二股に分かれているとしたら、なるべく曲がりくねっていたり、凸凹していたりして、先の見えないほうを選ぶ性格です。誰もやっていないようなこと（なんていうことは実はないのですが）、新しいこと、未知の世界に足を踏み入れて、試練に立ち向かいながら、前へ進んでいくことが決して嫌いではありません。言葉もわからないのにイタリアの、それも田舎に家を持つというのは、自分にとって大きな刺激だし、わくわくする冒険でもありました。

ようやく手に入れた家が中世の修道院だった……。最初は驚きましたが、どうやらこうしたことはイタリアでは珍しいことではありません。何しろエトルリア時代（古代ローマ帝国ができる前、紀元前8世紀～紀元前3世紀にイタリア中部に栄えた文明。エトルリア人は高い建築技術を持ち、ローマの地下水路を整備したのも彼らだと言われています）の遺跡の上に人が住み、ローマ時代の壁に洗濯物が干してあったりするのが、ごくあたりまえの国なのですから。ちなみにイタリアではその町の起源により、〝エトルリア時代の町〟、〝ローマ時代の町〟、〝中世の町〟というふうに古い順から分類されます。有名なアッシジは〝中世の町〟です。

私の家は城壁で囲まれた町にあり、ここは〝ローマ時代の町〟と言われ、建物の壁も、歩道も、すべてが古い石や煉瓦でできています。

イタリアでは古い町、特に城壁で囲まれた小さな町では、家の外観を変えることは法律上固く禁じられています。窓ひとつ新しく開けることが許されません。それだから美しい街並が残っているし、残さなければいけないとみんなが思っている。古い建物をどんどん壊して、思い思いの家が建ち、街の景観に調和がとれなくなっていく日本とは考え方がまるで違います。多くの日本人は、家は個人の持ち物だから好きに建ててよいと考えます。

一方、イタリアでは、家は街という共同体の一部なのです。

自分の家が古い町の一部であるということは、その町の歴史の一端であるとも言えるわけです。私も、かつて修道院だったこともある古い建物の、ある一時期の住人――ということ。大きく横たわる河のような時間の流れを感じます。長い歴史の中で、たまたま縁あって自分がそこに住んでいる、という感覚があります。だから家の内部も、歴史や自然に逆らって、自分の好みや都合だけでしつらえるという発想にならなかったのだと思います。

イタリアの友人のそのまた友人である、この町の建築家と出会えたことは幸運でした。

せっかく古い町で暮らすのだから、家の中もできるだけ、当時の元の状態に戻してほしいと建築家に告げると、こう返ってきました。「昔のものを修復して、現代に活かすのが我々の仕事だよ」。実際、建築家とやはり建築家である彼の息子、大工さんや職人さん……素晴らしい人たちが地元にいたので、彼らに全幅《ぜんぷく》の信頼を置いて、家づくりをお願いすることができました。

特に建築家は私と趣味が近い人で、意図するところをよく飲み込んでくれるので話が早かった。シンプルで美しくて、自然の持ち味を活かしたデザインが私は好きですが、彼もそうなのです。ドアノブひとつ決めるのでも、選ぶものが一致して、お互いににっこり、という感じで家づくりが進んでいきました。

当時の私は「壁の色を決めるから」「バスタブを買うから」と建築家に請われて、そのたびにイタリアへ出かけていきました。家具はもちろんバスの石けん入れまでも、建築家と一緒に真剣に選ぶという具合でした。日本で2ヶ月働いたら、イタリアへ2ヶ月ぐらい行って、家づくりを進めるというペースでした。そうして少しずつ家が出来上がっていく過程も、とても楽しかったです。

木の扉がわが家の玄関で、入ってすぐにリビングルームという間取り。

西向きの窓。陽が暮れ始めた頃から、この風景がドラマティックに変化していきます。

玄関

外の入り口は道路に面しています。入り口を入ると、3段ほどの石の階段があり、そこを上がってまっすぐに、ゆるやかな上り坂の細長いアプローチ（庭）が続いています。ジャスミンが塀のように生い茂り、ぶどう棚の葉が垂れ下がるアプローチを進むと、突き当たりに木の扉の玄関があります。

イタリアの家は玄関があまり目立ちません。近所のドイツ人の友だちの家は、かがまないと入れないほどのローマ時代の建造物で入り口が小さい。それで中に入ると、ぐわんと天井の高い室内が広がっている。そこまでではないですが、うちも近い感じです。

厚手の木の扉はアンティークで中世のもの。建築家と一緒に古いものを扱う倉庫のような店へ行き、玄関の扉と室内の各部屋の扉を選びました。

間取り

玄関の扉を開けて中に入ると、1段低くなっていて、すぐに天井の高いリビングがあります。この部屋の天井はとても高く、高さは約5メートル。わが家の面積は約100平米ですが、いらした方はみなさん、もっともっと広く感じると言う。それはやはり天井が高いから容積が大きいのです。

天井の上のほうには、明かり取りの窓が2つ。こちら側が東なので、朝陽が差し込む窓です。逆サイドの西側にもガラスの扉があり、ここからベランダへ出られます。家は傾斜地に建っていて、外の入り口は1階なのですが、家の中は2階部分という構造。だからベランダからの見晴らしがいいわけです。

リビングの北側には暖炉と3段ほどの階段があり、そこを下りるとダイニングキッチンです。

細長いダイニングキッチンの隣には、バスルームがあります。キッチン側からさらに階段を3段ほど下がるとゲストルームが、バスルーム側から階段を3段ほど下がると寝室があります。それぞれの部屋にアンティークの木の扉をつけています。

以上がわが家の全体像。家の外観はいじれませんが、家の中は天井から床から壁まで全部取り払って、建築家と相談しながら一から作り上げていきました。間取りも私の使いやすいように変えました（段差は元々あったものから変えていません）。ちなみに煉瓦の屋根はこの町に共通のもので、中世からのスタイルのままですが、葺《ふ》き替えはしています。

天井

すべてはがして、その昔にあった通りに梁を組んで作りました。天井も石（煉瓦）でできていて、焦げ茶色の木の梁を何本も通して押さえたような作りです。このあたりではごく普通の様式です。

私にはよくわからないのですが、建築家の長女が見たところ、梁などの木も昔のものをそのまま使っているようです。

床

元々敷いてあったピンクがかった石の床がきれいだったので、素材はそのまま使っています。サーモンがかったマットなピンクの石は、この地方独特のものです。

床に石のブロックをひとつひとつ貼っていくのですが、斜めにブロックを並べていくのか、縦や横にまっすぐ並べるのか、市松模様のようにするのか、建築家がいろいろな貼り方のパターンを見せてくれて「どれが好き？」と聞かれました。私はブロックの広い面と狭い面を、モザイクみたいに組み合わせた貼り方を選びました。と、そんなふうに、家の中のあらゆるところをひとつひとつ相談して決めていったのです。

バスルームまで含めた家じゅうの床が同じ素材で、古い石だけではとても足りません。それで不足分として、オルヴィエート（ウンブリア州のやはり城壁の小さな町）産の似たような石も使っています。でも、よくよく見ないと、どこが古くてどこが新しい石かわからないかもしれませんね。

壁

すべての壁が漆喰で、厚みは1メートル。そこに〝中世の黄色〟と呼ばれる淡いクリーム色を塗ってあります。

この色を決めたのは寒い冬の朝七時でした。イタリア

荒れ果てていた建物の内部をリノベーション。なるべく古いままに。古いものを使って。

木の扉はすべて、建築家と一緒に探したアンティーク。鉄の取っ手に表情があります。

元からあった古い床石に、新しい石を組み合わせて。

バスルームも石の床、木の梁、古い木の扉。バスルームの窓（西向きです）から見える景色も、私は大好きなのです。

の職人さんたちは朝七時に仕事スタートです。「梁の色とマッチする色がいい」と建築家が言うので、なるほどと思いました。梁の近くにいろいろな色を試し塗りしてくれた中から、「中世の黄色」に決めました。

ベージュがちょっと陽の光に染まったような、なつかしさのある優しい黄色です。それを本物の海綿で、手作業で塗っていくのです。だから、ちょっとまだら模様のようになって、塗ったあとが見える。それがまた温かみになっているんです。これは中世の手法そのままです。

家のある地方は、春から夏には陽ざしが容赦なく照り付けます。秋から冬にかけては穏やかな陽ざしです。それをほどよく中和させる壁の色です。

窓

リビングの明かり取りの窓は中世時代に開いて、その後閉ざされていたのを開けてもらいました。東側ですので、ここから差し込む朝の光は本当にきれいです。

とてもよくできていると感心するのですが、イタリアの家は壁に厚みがあって、窓がフレームのように壁に囲まれます。そして、そのフレームの厚みが斜めになっている。ガラスをはめこんだ窓よりも、ひとまわり大きいフレームになるように壁が切られている。台形のような形になっているわけです。それで、窓は小さくても光がサーッと部屋の中に拡散するようになっている。石を積んだだけの壁は大きな窓を開けられませんので、壁の厚みを効果的につかっているのです。

夕方、陽が落ちるまでの3時間ぐらいの間の、この窓の景色は素晴らしいです。刻一刻と色を変えていくのです。胸のすくようなスカイブルーから、淡いオレンジ色へ、そのオレンジがだんだん濃い色になっていく、夕陽の色のグラデーション。その様子を家の中から窓を眺めて過ごすのもすてきですし、ベランダへ出て夕方の涼しい風に吹かれているのも最高に気持ちがいい。

キッチンには縦長の窓がひとつあって、台所仕事の合間にここから見る風景も好きです。お隣のおばあさんが石畳みの路地を掃除してくれている姿が見えたりして、なんだかホッとする。お隣のお母さんが洗濯物を干していれば、「おはよう！　元気？」と声をかける。そんな暮らしが私は好きです。

バスルームの窓からの眺めもお気に入りです。遠くまで開けた景色で、とても気持ちがいい。夕陽が差し込んで、ガラス窓に反射するのもたまらなく美しい。遠いところまで見渡せるので、お天気の悪い日も、グレーの雲、遠い向こうの晴れた空、真っ黒の雲の3色の層になっていたりして、胸に迫る美しさ。この家の窓の景色の素晴らしさは、本当に語りつくせないです。

もうひとつ窓が少ない利点が、住んでみてわかりました。アジア人は窓などの開口部が広くて、たくさんあることを望むでしょう。私もそうで、イタリアで家探しをしたときに、なるべく窓が多くて明るい家がいいと思った。ところが窓が多かったり、窓が大きかったりすると、陽がたくさん差し込んで夏がすごく暑いんですね。その点、石の厚い壁で窓が少ない家は、外からの熱を遮断して室内をひんやりと保ってくれるわけです。

わが家は窓が比較的多い家で、その分明るいのですが、夏の暑さにはまいりました。それでしかたがなく、住んでしばらくしたときに冷房を入れました。

照明

私の好みではない天井付けの照明がひとつもついていないです。その代わり、壁から突き出たふうに電球がついているんです。ひと部屋に3ヶ所ぐらいついています。

興味深いのは、これが普通のむきだしの電球で、上から半分ほどの部分に銀か何かで色が塗ってあるだけで、点けたときに壁に波のような陰影が出るのです。これだ裸電球なのに間接照明ができる優れものです。モダンというか、ちょっと幻想的な雰囲気でムードがあります。この電球は電気屋さんへ行けば普通に売っています。ちょっとしたことでインテリアにこんな効果を生み出す電球。建築家はこの家にはこのライトしかない、と強調していました。

ソファのそばとか、ベッドのそばには中世を思わせるライトを置いています。以前、町にアイアンの工房があって、そこで作った黒いアイアンのライトです。ちなみに寝室とゲストルームのベッドも同じ工房に注文した、黒いアイアンのフレームです。

リビングの木のデスクの上では、コンテンポラリーな

写真右はリビングにある事務スペース。左上は台所で使っているマリオ・ベリーニの椅子〝コニャック〟。左下はゲストルームの窓。イタリアではカーテンを使っています。

リビングにはモダンな家具も置いて、重厚になりすぎないように。写真右下がむきだしの電球の照明です。壁に面白い光の効果が。

ベッドのフレームは、かつて町にあったアイアンの工房で作ってもらいました。田舎風のデザインです。

デザインのシルバーのスタンドを使用。キッチンでは、棚にクリップ式のライトをつけて手元を明るくしています。

照明はどれもシンプルな現代のものを。日本の家と違って、イタリアの家では吊り下げ式の照明はつけていません。天井がとても高いせいです。

家具

古い素朴な家には、家具もふさわしいものがいいと思いました。でも、すべてを古いものばかりにしてしまうと、どうしても重たい雰囲気になります。そこで、この家の私なりのコンセプトは、テーブルはすべて中世のものにして、椅子は近代のものに、ということでした。

私は必要最小限の家具だけを置いたインテリアが好きです。まずは何も置かない空間の中に立ってみて、「最小限ここにはこの家具が必要」と思うものだけに絞ります。そして、これこそ、と自分の納得のいく家具と出会うまでは置きません。今使っているダイニングテーブルと出会うまで、扉をはずしてテーブルとして代用していたくらいです。まだテーブルのないときに日本からやってきたお客様は「ドアでごはんを食べたのは初めて」と言っていました。

この家で使っている古い家具のほとんどは、土地のアンティークを扱う倉庫のような家具屋さんで見つけたものです。建築家が連れていってくれたのですが、中世の壊れた家具ばかりが、地下2階の大倉庫に山と積まれている。その中から選んで修復してもらうのです。修復には半年以上の時間がかかります。余談になりますが、注文したすべての家具が出来上がったときに、この家具屋さんのディナーに招待されました。ウンブリアの山のどっしりとしたごはん。おばあちゃんが腕を振るってくれたご馳走は、今も脳裏に焼きついています。

さて、倉庫で見つけたわが家の〝ダイニングテーブル〟は、1600年代の栗の木で作られた台所の作業台。何百年もの間、この上でおいしい料理が作られてきたのかもしれません。細長い作業台ですが、一目で気に入ってテーブルとして使うことにしました。表面を蜜蠟で艶だししているため、触るとネットリとしたような木の柔らかさと温かさが伝わってきます。テーブルの下にもぐり込んで天板の裏側を見ると、いつの時代の誰が書いたのか、子どもの落書きみたいなものがあるのもご愛敬。

キッチンの壁の棚や引き出し、リビングに置いた机、寝室とゲストルームに置いたタンスも、すべて中世のアンティークです。後日、家具屋さんが教えてくれたのですが、私の選んだこれらの家具は時代こそ違いますが、偶然にも教会や修道院で使われていたものばかりだとか。修道院だった建物の中に居場所を見つけて、家具たちも喜んでくれている、と思うことにしましょう。

栗の木のテーブルに合わせた革の椅子は、やはり建築家が連れていってくれた家具の展示室のようなところで選びました。イタリアの建築家、マリオ・ベリーニによる、デザインじたいは古いもので、現在でも制作されている椅子です。革の色を選ぶことができて、私はコニャックというお酒の名前がついた、褐色と飴色の中間のような色にしました。ピンクがかった石の床とよく合う色です。デザインも好きですし、革のしなやかな弾力で座り心地もよく、すっかり気に入って、野尻湖の家では同じ椅子の白をオーダーして使っています。

リビングに置いた布張りの椅子は、オレンジがかったサーモンピンク。日本でならば絶対にうちに置かない色ですが、この土地から採取される石の色と同じだったので、あえて選んでみたのです。そうしたらピタッと収まってくれました。リビングのガラス扉のオリーブグリーンの木枠にしてもそうなのですが、その土地にある色をインテリアに使うと、シックな雰囲気になることもイタリアの家づくりで学んだことです。

椅子はモダンなものを選び、ベッドフレームやライトに黒いアイアンを選んで、アンティークの家具の古めかしい重厚感に、新しさと軽さを組み合わせたつもりでしたが……。それでも暮らすうちに、古い家具の独特な重苦しさを感じるようになりました。

気分を一新したくて、イタリアに暮らして4年目に「B&B」の食器棚をキッチンに、やはりB&Bの大きなソファと本棚をリビングに入れました。B&Bはイタリア・ミラノを本拠地とする、とびきりシンプルでモダンな家具のメーカーです。

こうして自分の感覚で選んだ、中世の古い家具とモダ

たまたま選んだアンティークの家具のほとんどが、元は修道院で使われていたものと知りました。

段差のあるリビング側からキッチンを見るとこんなふう。

ンな家具が合わさって、わが家らしいインテリアができていったのです。

イタリアで家具を買うという体験も面白かったです。というのも、アンティークの家具屋さんも、モダンなものを扱う家具屋さんも、事前に必ず家をチェックしにやってきます。そして私が注文した家具がちゃんと収まるかどうか、家にマッチするかどうかを確認して、彼らが納得すれば注文書にサインをして買うことができる。

「お選びになった家具がここに入ったら、エレガントな趣味のよい部屋になりますね」と言われれば、彼らにインテリアのセンスを認められたということでしょうか。とにかく、イタリア人の家具に対する意識と、自分の職業に対する誇りの高さには感心させられます。

キッチン

ここはもともと家族部屋だったところで、細長いスペースです。これは台所としては使いにくい形状です。

部屋の中央あたりに腰高の窓があります。そこに沿って、I字型に細長くキッチンを設置しました。ガス台、調理台。窓をはさんで、シンク、調理台という配列です。これらのI字型のカウンターの下に、冷蔵庫、オーブン、食洗機が収まっているコンパクトな作りです。

イタリアは大理石の産地ですから、作業台の天板は大理石。ピンクの石の床に合うように、ベージュの大理石を選びました。窓の前部分だけは、窓拭きがラクにできるように折りたたみ式の木の作業台にしています。

台所道具は本当に必要最小限しか置いていないので、作業台下の戸棚に収まってしまいます。食器はB&Bのシンプルな食器棚に。これも数が少ないですから、はみ出すことなく収まっています。

リビングとキッチンの間に暖炉があって、キッチン側では調理用の〝火〟として使うのですが、これについては次に詳しく書きます。

台所と居間の間に暖炉があることが、この家で「暮らす」ことでした

冬のウンブリアの寒さは、日本の東北地方や北海道に匹敵します。なので昔から、この地方の家には暖炉が必需品。購入した家にもリノベーションをする前から暖炉があって、それもこの家に惹かれた理由のひとつ。暖炉はやっぱり、日本の都市部に住む人の憧れですから。

寒い冬の日に、暖炉のそばに置いたソファにゆったりと身を沈めて、赤く燃える火を眺めたり、パチッとはぜる音を聞くひとときは格別です。身も心もとろけるようなリラックスタイムです。薪を燃やす香りもいいのです。冬の記憶として残るような匂い……。

私の家の暖炉はリビングとキッチンの間にあります。両方から使えるように、素通しにしてもらったのです。

イタリアの地方の街のリストランテや食堂には、暖炉によるグリル料理を看板にしている店があります。また、これは建築家に聞いたのですが、この地方では昔から、そして今でも家庭で暖炉の火を料理に使っているのです。

それで「暖炉をキッチンで使えるようにしよう。そうすればおいしいごはんが食べられるよ」と建築家が勧めてくれました。

リビング側では床に近い位置にある暖炉で、温かさとくつろぎを味わいます。

リビングから階段を3段下りたキッチンの側では、暖炉はちょうど手の届く高さ。パンをあぶったり、香ばしいグリル料理を作ったり、煮込み料理もこれで。この家では暖炉はメインの火。ガスはもうひとつの火なのです。

イタリア暮らしで、暖炉に火を熾すのが上手になりました。もちろん最初はうまく燃えてくれませんでしたが、諦めずにいろいろやっているうちに、どうすれば火が絶えずに燃え続けるかがわかってきました。

暖炉じたいはごくシンプルな作りで、石のプレートの上にアイアンの五徳がのっているだけ。五徳の上に薪をのせて、着火材を使って火をつけます。薪に火がついたら、あとはよく燃えるように、薪の向きを変えて空気の通り道を作りながら、火を熾します。このあたりにコツがいるんですね。

リビングとキッチンの段差を利用して、両側から使える暖炉を作りました。

リビング側では暖をとり、キッチン側では料理に使う暖炉。この地方ならでは。

料理に使うのは、薪がしっかり燃えて、芯まで熱くなった熾火《おきび》です。熾火ができるまでに1時間以上かかります。時間はかかるし、火を熾すのにテクニックはいるし、電子レンジ料理に慣れた人から見れば、どうしてそんなに手間のかかることを……と思われるでしょう。

でも、火を熾すことや、暖炉で料理をすることの楽しさを知ると、手間でもなんでもなくなります。火を熾すという原初的な作業に立ち向かうときの、からだの底からわいてくるような力。火とじっくり向き合う時間の中にいるときの、心が豊かになる感覚。それに薪で焼いたお料理のおいしさ！　時間短縮ばかりがよしとされる昨今とは、真逆の価値観がそこにはあると感じます。

火さえ熾してしまえば、グリル料理はいたって簡単です。パチンと両側からはさむグリル専用の金網に、肉でも野菜でもパンでも好きなものを入れます。これを熾火の上に置くだけです。しばらく待って（意外とすぐに火が通ります）、ジューッと素材から水分がたれるほどに焼けたら、金網ごとひっくり返して裏側も焼いて。香ばしいアツアツを大皿に盛り、地元のフレッシュなオリーブオイルと塩とこしょうをかければ出来上がり。これが最高においしいのです！　炭の遠赤外線の熱で焼くと、なんでもとびきりの味になってしまう。同じ素材でも、電子レンジで加熱するのとはまるで別物です。なんというか、いきいきと焼き上がるのです。

土地の土で作られた土鍋に肉や野菜を入れて、暖炉のかたわらに置いていけば、知らぬ間においしい煮込み料理の出来上がり。豆はフラスコに入れてゆでると最高においしい！　いろんな知恵を土地の人から教わりました。

山間のウンブリアはおいしいものの宝庫。トリフの名産地でもあります。新鮮な肉や野菜を暖炉の火で焼いて、地元で収穫されたぶどうのワインを飲んで。「ほかに何が必要？」って思います。窓の外には素晴らしい風景が広がっているのです。本当に、「ほかに何が必要？」です。

棚板＋かごのアイデアは、イタリア人建築家から教えられたこと

どの家でも私のキッチンには棚板があって、その上に

かごを置く風景があります。すっかりうちのインテリアの定番になっているのですが、実はこれはイタリアの建築家のアイデア。彼が「こうするといいんだよ」と教えてくれたのが最初です。

キッチンを作るときに「壁に木の棚をつけよう」と言って、古い木材を1段だけ、彼がつけたのです。オープンな棚ですから、上に何を置いてもいいんです。私はかごが好きなので、どこに住んでも自然にかごが集まってきます。それで地元のかご屋さんで買ったかごなんかを、棚にちょんとのせてみたら目が楽しい。家の中がシンプルなので、こういう遊びのコーナーがあるのもいいかもね、と思いました。

そのかごじたいも飾りものではなく、ぶどう摘みのかご、卵を集めるかご、リコッタチーズを作るかご……と働く道具です。まさに〝機能美〟がかごにはあるのです。

飾るだけのものは持ちたくない性分なので、かごの中にキッチンで使う細々《こまごま》としたものを入れてみました。すると、目線より上の高さに置いたかごは中身が見えないので、雑多なものの収納に最適なのです。そういう経緯で日本の家でも、〝棚＋かご〟スタイルが定着しました。

イタリアの家のキッチンの棚には、かごのほかに、ふいご（暖炉の火を熾すときにたまに使います）なども。天然素材で面白い形の道具には、つい惹かれてしまいます。暖炉のそばにかけている小さな三角形の持ち手の長いかごは、リコッタチーズ作りのかご。この中には、火付け用に長いライターがひとつ入っているだけ。ライター専用のかごです。

ゲスト用の寝室も私の寝室も、置いてあるものはほとんど同じ

ゲストルームに置いているのは、アイアンのフレームのベッドだけです。白いリネンを掛けたシンプルなベッドが2台、これとアンティークのタンスがひとつ。本当にこれしか置いていないので、一見、修道院のような簡素な感じでもあります。田舎っぽい、ホッとできる作りです。

でもピンクを帯びた石の床に、黒いアイアンと白いリ

古い木や白い陶器の色が、暗い室内にしっくりとなじむ。

キッチンに大きな窓があることも、家選びの大きな決め手となりました。

ネンの調和は美しいと思います。それによく見るとリネンには凝った織り柄が施されていて、とても豊かな風合いなんです。たくさんの色やもので飾りたてるよりも、私はこんなふうに人の手が作りだした奥行きのある実用品を、少しだけ大切に使いたい。

話がちょっと逸れますが、イタリアは布の文化が素晴らしく、各地に伝統的な美しい布があります。私の町は特にリネンの名産地。町ごとに異なる刺繍が施されていたりする、うっとりするような布がたくさんあります。布屋さんへ行って、豊富な布見本の中から好みのものを選び、「これでベッドカバーを」とか「これでキッチンクロスを」というふうにオーダーするのがイタリアでは普通のこと。そうして〝うちのもの〟になった布は、使い込んで破れたり穴が開いても、もちろん繕って長く使い続けます。ちゃんとした主婦は針仕事も上手。昼下がりに家を訪ねると、針仕事の手を休めて迎えてくれます。

わが家の簡素なゲストルームには、壁に1枚の絵があります。額にも入れず、ピンで留めてあるだけの青い絵は建築家が描いたもので、いただいたのです。彼は趣味で野草の細密画を描いて、すてきな私家本を作ったりもしています。本当に生まれ育った土地の自然を愛し、歴史に誇りを持ち、この町で暮らすことを楽しんでいる。そんな人に家を作ってもらった記念の絵です。

私の寝室もゲストルームとほぼ同じインテリアです。白いリネンを掛けたアイアンのベッドと、アンティークのタンスがあります。それと小さな机とソファ。タンスの中に防寒着がちょっと入っているだけで、自分の持ち物は何も置いていません。だからここも、簡素なホテルみたいな部屋です。

なぜ、自分の持ち物を置いていないかというと……そもそも自分の持ち物という概念が、私にはないのかもしれません。〝自分のもの〟ではなく、〝使うもの〟しか必要ない。家もそう。〝自分の家〟でなくてもいいんです。誰が使ってもいい。みんなで使えばいい。そういう気持ちを家に対して持っています。イタリアに限らず、どの家においても同じです。

家は所有するものではなく、使うもの。自分やまわりの人たちの、〝生きている〟そのときどきの居場所です。

家で過ごす時間が気持ちよければ、自分もまわりの人たちも、そこで豊かなひとときの人生を過ごせるのです。ですから、どういう空間が一番快適なのか。どういう時間を過ごしたいのか。それを根底に据えて、私は家づくりをしているのだと思います。

夕陽の贈り物

通りすがりにバスルームの窓から、ふと見える風景。「今日はすごいきれいな空だわ」としばし見とれてから、ランドリーから取り出したふきんをキッチンに運んだりして。イタリアの家にいるときは、なんだか空ばかり見ています。窓の外のすぐそこにある空と、いつも一緒に暮らしている感じです。

特に夕方。毎日毎日、夕陽が楽しい。夕陽のおかげで毎日が楽しい、と言ってもいいかもしれないです。

温かい季節には陽が沈む前から、ワインのグラスを持ってベランダに出て。ぐるりと広がる空の下で、昼と夜の交換の儀式を楽しみます。青い空がだんだん、オレンジ色の陽の光に染まっていきます。それは毎回、胸に迫るほど美しいグラデーションです。本当に自然の作り出す美には圧倒される。

煉瓦の屋根の向こう、オリーブ畑の向こう、山々の向こうに、まばゆい太陽が沈んでいきます。あたりがまっ赤になって、家も木も人の肌も同じように赤く染まるクライマックスの一瞬があって、そのあとでサーッと夜が降りてくる。陽がすっかり落ちて、城壁の町が闇の底に沈んだようになり、空が群青色《ぐんじょういろ》になって星がチカチカと瞬くまで、気がつくと何時間も空を眺めていたりします。

イタリアに住むまで、こんな楽しみがあることを知りませんでした。だからこれは、この家が私にくれた贈り物。人生の贈り物です。こんな楽しみも、こんな生き方もあるよ、って教えられました。

棚＋かごのスタイル、元祖がこの家のキッチン。

室内が暗いので、窓からの明かりがひときわ美しく感じられます。調理台の天板は大理石。

食器はこれだけ。それでも豊かな食卓です。

窓の外は石造りの町。道も石をはめこんだ大昔からのスタイル。

城壁の町での暮らしは
ラクなことばかりではありません。
でも人生はそうなのだからしかたがない

私の家があるのは城壁の町ですから、坂がとても多いんです。それでも老人がたくさん暮らしています。坂道が大変だからと引っ越す人なんていません。お年寄りたちも杖をつきながら、ひとりひとりのペースでゆっくり歩いて、買い物やお喋りを楽しんでいます。

やはり城壁の町であるアッシジは、聖フランチェスコ聖堂をはじめ、美しい教会がいくつかあって、私もよく出かけていきます。

行くたびに、町で会うひとりの女性がいました。

その人は何かの病に倒れたあとなのでしょう。本当に足を1歩前へ踏み出すのがやっと、という様子で歩いているのです。リハビリのために、ひとりで歩いているようです。前へ進むよりも、立っている時間のほうがずっと長いような状態ですから、とても大変そうでした。アッシジへ私が行くたびに彼女と会うので、つまり毎日毎日、そうして歩いているのだと思いました。

何年かぶりにアッシジへ行ったあるとき、やはり彼女に出会いました。そのときは、なんと、坂道を普通の速度で歩いていたんです。びっくりしました。だって、あんなに体の自由が利かなかった人が、ここまで回復するなんて。人の力はすごい、と感動しました。どんな困難にも立ち向かえる人のすごさを、城壁の町で目の当たりにした感じでした。

私もイタリアに住むようになって、坂道が苦ではなくなりました。よい運動だと思って、街を上から下までぐるりと歩きまわるのが日課です。途中で必ずおいしいジェラート屋さんに寄ったりもして。歩いていると城壁の建物のちょっとしたすき間から、ウンブリアのすてきな風景が見えます。あちこちにそういうポイントがあって、そのたびに立ち止まり、景色を眺めて深呼吸。まるで、苦しいこととうれしいことが隣り合わせにある、人生みたいな散歩の時間を楽しんでいます。

イタリアは日本と同じく地震のある国です。家を構えた翌年の1997年に、イタリア中部の大地震に遭遇しました。そのときはダイニングキッチンの窓の下の壁がはがれ落ちて、下の石がむきだしになってしまいました。2016年8月にはやはりイタリア中部の地震で、アマトリーチェという町の多くの建物が全壊してしまいました。同年10月にも大きな地震があって、ちょうどイタリアの家にいるときでしたので、怖い思いをしました。何しろ14世紀の石造りの古い町、古い建物ですから、いつなんどきどこが崩れ落ちるかわからないわけです。大きな地震のあった夜は、玄関に近いソファに靴をはいたまま横になり、コートを着て貴重品を入れたバッグを持ったままま、即外へ出られる状態で寝ていました。さすがに眠れませんでした。

こうした地震があると、夜中でもすぐにお隣の人たちが「ヨーコ、大丈夫だった?」と心配してやってきてくれます。彼らだって地震は恐ろしいのです。玄関を開けると、こわばった顔が並んでいるのでそれがわかります。自分たちも怖いからこそ、隣に住んでいる私も怖いだろうと心配して、顔を見せてくれるんです。そんな夜の翌日は、必ず隣の家で昼ごはんを一緒に食べます。再び揺れがくると中腰になったりして。でも、みんながいると怖い気持ちが弱まるのです。

地震のときにかぎらず、このお隣さんたちにはとても助けられています。日本では失われつつある、ご近所付き合いがイタリアの田舎町にはまだ残っているんです。

家のとっても大事な要素、「お隣さん」のこと

つややかな果物が栗の木のテーブルの上に置かれています。ゲストルームのベッドの上には、きれいにたたまれたタオル類が重ねてあります。これは日本からイタリアに着いて、家に入ってすぐに目にする光景。果物もタオルも、お隣さんが用意してくれているのです。

飛行機の時間が決まっているので、日本からローマに着き、車で3時間かかるウンブリアのわが家にたどり着くのはいつも夜中。「夜中に帰るから、朝食用のミルクと果物とパンを買っておいて」と事前にメールをしておくと、鍵を預けてあるお隣さんが食料を買い、家の中に

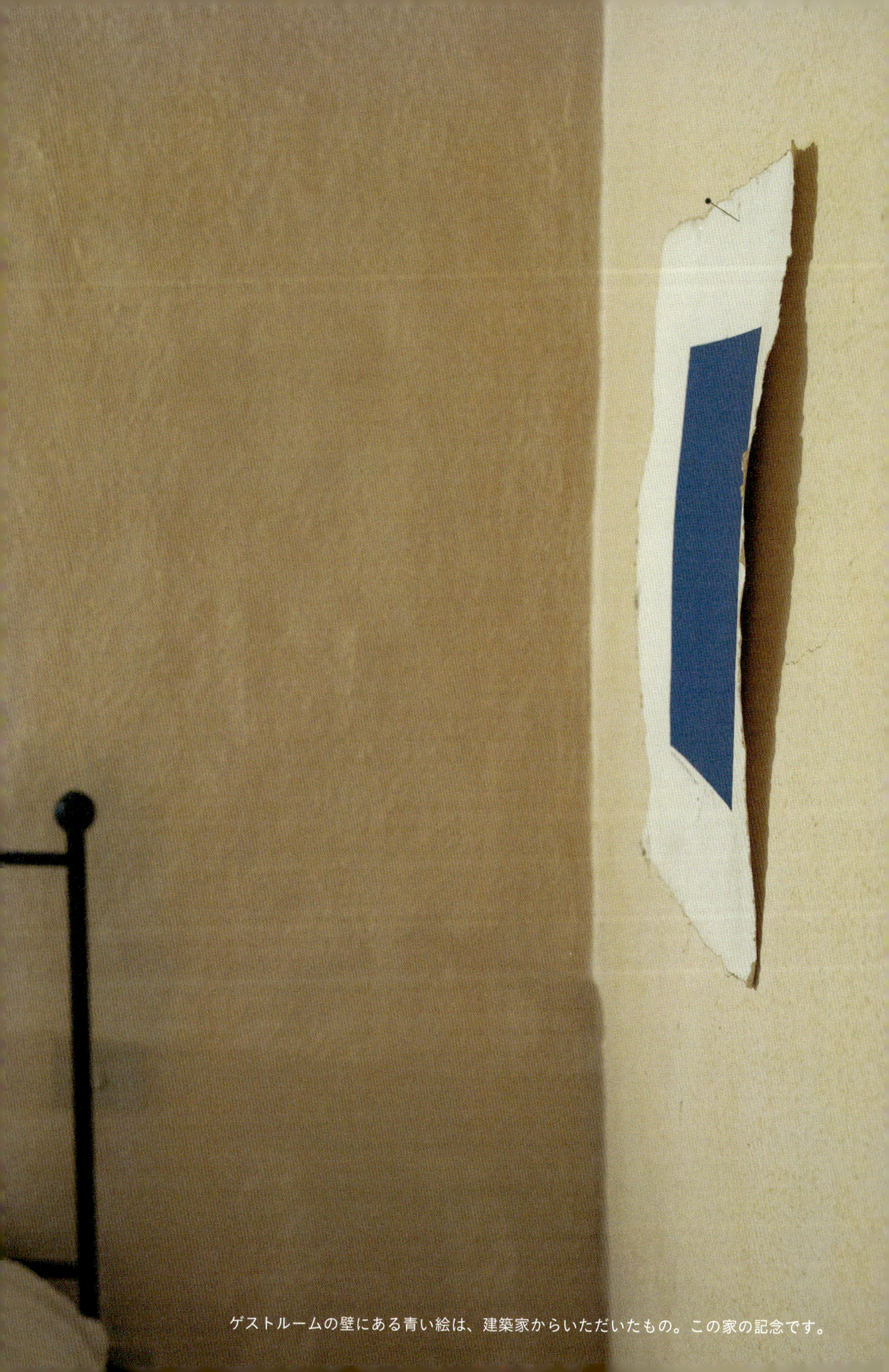

ゲストルームの壁にある青い絵は、建築家からいただいたもの。この家の記念です。

イタリア人は家事上手。それにしても、どうしてこんなに親切にしてくださるのでしょう？

入れておいてくれるんです。ミルクはちゃんと冷蔵庫に入れて、食器棚から適当なお皿を出して、果物をすてきに盛りつけておいてくれる。

イタリア人は家事が得意です。お隣のお母さんは特に、洗濯もアイロンがけも得意中の得意。だからなのでしょう、私が放っておいたカーテンに勝手にアイロンをかけておいてくれたりする。お父さんには私の車のことをおまかせしていて、不在時に車検代を立て替えておいてくれたりもします。

もちろん立て替え分はすぐにお支払いしますが、私は特別に御礼もしないのです。彼らはなんの見返りも求めず、ただお隣だし、家にいないことが多いから不便もあるだろうと思って、親切にしてくれるだけなんです。

こんなお付き合いがいつ頃から始まったのか……。何かきっかけがあったわけでもなく、長らく隣どうしの関係が続く中で自然にそうなっていきました。

お隣のファゴッティ家の家族構成は、90歳近い親切なおばあさん、自転車を愛するお父さんと主婦の鏡のようなお母さん、息子のマテオ、娘のシモーナ。車好きのマテオは車のエンジニアみたいな仕事をしていて、彼のお嫁さんは病院の看護師。赤ちゃんは去年産まれたのかな、マチルデという女の子。マテオの一家は近所に家があるのだけれど、赤ちゃんをお母さんに見てもらうためか、しばらくうちの真下(わが家と同じ建物の1階の家)に住んでいるんだろうな、という感じです。シモーナも仕事を持っていて、彼女の婚約者はいつもファゴッティ家にいりびたり。お隣の家にはいろいろな人が出たり入ったりしているんです。

日曜日のたびに、家族が集まってみんなで食事をしています。そこに私もときどきお呼ばれするのです。おもてなし、なんていうものじゃなくて「ついでにどう?」という感じで誘われます。

会話が飛び交うにぎやかな食事の席にいると、こういうのがいいな、としみじみ思います。おばあちゃんがいて、赤ちゃんがいて、息子や娘がいて、そのパートナーがいて……。ついでに東洋人のお隣さんまでが、一緒に食卓を囲んでいる。人には人が必要なんだね、って思う。ファゴッティ家の人たちの暮らし方、生き方に、私はどこか憧れを持つようになっているみたいです。

家の中はいくらでも自由に変えられるけれど、窓からの風景は変えることができない——。そう、この本の最初に書きました。お隣さんも風景と同じ。〝家〟を取り巻く大事な大事な存在です。こればかりは選ぶことはできないのですが……。まわりの住人や地域性は、快適な家づくりのとても大きな課題だと実感しています。今の日本では特にそうです。

あとがき

そして、「みんなの家」構想へ

「住む」において、忘れてはならない大切なこと。それは「一緒にいる」ことです。人と共に過ごす時間＝空間があるのも、「住む」の大事な要素です。信州やイタリアの暮らしの中でそれに気づかされました。

特にイタリアの暮らし。あちらでは日曜のお昼には必ず、家族が集まって一緒に過ごします。おじいさん、おばあさん、父親、母親、子どもたち、結婚した子どもたちも遠くからでもやってきて、みんなで日曜の午後を過ごす。そうするのがあたりまえで、私の家のまわりはどこもそうです。

イタリアの普通の人々の暮らしを紹介する番組が日本のBSにあるのですが、それを見ていても誰もが同じことをしています。村の鍛冶屋さんも、離婚したお母さんが学校の先生をやって娘を育てているうちも、どちらかというと裕福ではない人たちもお金持ちも、北から南までイタリア人のほとんどが、日曜の午後には家族で集まっている。泊まったりはしなくて、日常生活の延長でみんなが集まって一緒に過ごし、夜になるとそれぞれの家に帰っていくのです。

うちのお隣のファゴッティ家も同じです。日曜日になると90歳近いおばあちゃんから2歳になるひ孫まで家族が勢揃いして、昼ごはんの食卓を囲みます。何も特別なことを喋っているわけではないし、食べるものだって本当に普通のごはんです。トマトのスパゲッティと、ちょっとしたお肉と野菜、そんな感じ。

そうして、ただ一緒にいるだけなんだけれど、それがいいんだなって私はすごく思う。人の暮らしはこうあるべきだな、って思うのです。家族のあり様として、お隣の一家は理想的です。いつもべったりとくっついているわけではなく、それぞれが自分の仕事や家庭を持っていて、日曜や休日になると一緒に過ごす。人と共に過ごす時間があれば、誰も孤立しないし、誰も孤独ではないんです。そういうメンタリティがあるからこそ、彼らはひとり暮らしのお隣さんである私にも、何かといえば声をかけてくれたり、世話をやいて親切にしてくれるのでしょう。

現代の日本は孤立の時代です。核家族化や少子化が進み、親が忙しくて子どもがひとりでごはんを食べていたり、若い頃に家庭を持っていた人も、いずれひとりになる社会の構造になっています。

こんな時代だからこそ、「一緒にいる」ことの大切さを痛感します。

とは言え、昔のような大家族に戻るのは、もう難しいわけです。「ひとり」も大事なのです。夏休みが終わって、ホッとするお母さんの気持ちはよくわかります。だから「ひとり」であると同時に、「一緒にいる」こともできるのが、現代の「住む」の理想の形のような気がします。

家族はもちろん、友人知人もやってきて、みんなでごはんを食べたり喋ったり、あるいはひとりひとりが好きなことをしながら一緒に過ごすことのできる「住まい」があるといいと思いました。ウィークエンドだけのシェアハウスのような。そんな「みんなの家」を、建築家の娘夫婦と構想中です。

自然に囲まれた気持ちのいい場所で。何も入れずに空けておく戸棚のように、みんなで自由に使える空間のある家。そこにはすてきな薪ストーブも置きたい。庭には、野菜でもお肉でもなんでも焼ける窯も作りたい。古代から〝火のあるところ〟が、みんなが一緒にいる場所ですから。

と、こんな構想を錬っています。

「住む」をめぐる私の考察も、また新しいフィールドに入ったようです。

有元葉子《ありもと・ようこ》
3人の娘を育てた専業主婦時代に、家族のために作る料理が評判となり、料理家の道へ。素材を活かしたシンプルでおいしい料理だけではなく、洗練された暮らしぶりや、軽やかに人生を楽しむ生き方が世代を超えて熱い支持を集めている。メーカーと共同開発するキッチン用品「ラバーゼ」のシリーズは使いやすさと機能美を追求し、ファンが多い。著書多数。近著に、『有元葉子の「バーミキュラ」を囲む食卓』(文化出版局)、『大切にしたいモノとコト』(集英社)、『「使いきる。」レシピ』『毎日すること。ときどきすること。』(講談社)などがある。
http://www.arimotoyoko.com/

有元葉子
私の住まい考 家と暮らしのこと

2017年3月24日 初版第1刷発行

著者 有元葉子
発行者 下中美都
発行所 株式会社平凡社
〒101-0051 東京都千代田区神田神保町3-29
電話 03-3230-6584(編集)
03-3230-6573(営業)
振替 00180-0-29639
平凡社ホームページ http://www.heibonsha.co.jp/

印刷・製本 シナノ書籍印刷株式会社

装丁・本文デザイン 若山嘉代子 L'space
構成 白江亜古
撮影 三木麻奈(第3章、第4章、P26、P176)
中本浩平(第2章、P22)
竹内章雄(カバー、第5章、P16)
取材協力 八木建築研究所
DTP ケイデザイン

ISBN 978-4-582-54457-2 C0052
NDC分類番号527
A5判(21.0cm) 総ページ176